生與不生，哪一種人生選擇更幸福？

為什麼我們不想生

SELFISH, SHALLOW, AND SELF-ABSORBED

Sixteen Writers on the Decision Not to Have Kids

梅根·達姆 Meghan Daum——主編
于是——譯

目次

引言
Introduction

梅根・達姆
Meghan Daum

編這本書時，我時常想起托爾斯泰的《安娜・卡列尼娜》（*Anna Karenina*）開篇那句有關「幸福家庭」的名言，還想杜撰出一個翻版：所有想要孩子的人都一樣，而所有不想要孩子的人各有各的道理。

當然，托爾斯泰的原話也未必屬實，因為幸福的家庭各式各樣，不幸的家庭也可能由於各種不難想見、但都讓人頭昏腦脹的原因而不幸。不管是出於主動選擇、環境影響或這兩者皆有的因素，大部分人最終都會為人父母，我改寫的理論版本也未必無懈可擊。不過，過去的數年間，我一直在思考這個議題，並越來越懷疑大部分人生兒育女的原因——屈指可數的那幾點理由，大多是和傳統意義上的生物規則有關，但或許都不能算是人們選擇生小孩的真正動機。

我們這些選擇不當父母的人多少有點像一神論者，或是移居到加州的外地人；我們傾向於走蜿蜒曲折、甚至常會帶來痛苦的道路，向自己認定的終點前進。這是我編輯這本文集的原因之一。和很多文化推斷截然相反的是：主動退出父母陣營的人並不是一個整體（再次重申：這本書討論的是主觀決定不生小孩，而非想生的時候生不了——那是完全不同的議題）。我們既不是享樂主義者，也不是苦行僧。和大多數有孩子的人相比，我們的成長過程並沒有讓我們背負更多慘痛的心理創傷。我們不討厭孩子（這一點竟然沒人信，至今都讓我震驚）。事實上，我們當中許多人都為別人的子女付出過大量時間和精力，讓那些孩子的生活更豐富，並且反過來豐富了我們自己的生命。這點可是有憑有據：和那些被幼童們圍繞的父母相比，我們更樂於回饋社會——不僅僅因為我們有時間，還因為我們義務奉獻一天後，總得把孩子送「回」他們的父母身邊。

通讀這本書裡的文章，你會發現：從很多方面說，這些文章的共同主題就是沒有共同性。放棄為人父母的決定讓每一位作者心滿意足——有些人甚至不只是滿意，而是近乎狂喜，但沒有一個人做出這個決定的過程與思路和另一個人完全相同。有些人在多年猶疑不決後，意識到得先充分了解自己的必要性。還有些人自出生後就缺乏想生孩子的欲望，這種願望的匱乏就像性傾向或性別意識一樣生而有之且終生不改。還有少數人也曾熱切嚮往生兒育女，但漸漸領悟到他們在追逐一個並不屬於自己的夢——這個夢實際上屬於他們的伴侶、家人、世俗意義上的家族文化。就如珍・賽佛（Jeanne Safer）一針見血指出的那樣：她並不是真的想生孩子，她想要的是「想要生兒育女」的欲望。

讀到這句話時，我激動得屏住了呼吸。曾幾何時，我還沒有悟出這一點，但現在我可以說（也寫在珍的原稿的邊緣空白處了）：「這正是我曾有的感受！」得到這番洞見之前，我也曾非常努力地勸說自己想要什麼，哪怕內心一直都很清楚那並不適合我。不過，就算相勸多年的結果是一個嬰孩的出現，也未必會有什麼不妥。我有過樂於扶持我的丈夫，還有很多支持、愛護我的朋友。如果我有了孩子，我肯定會很愛他／她，那是毫無疑問的，而且那種愛是我不當母親就無法體會的愛。但當我捫心自問——用當下的流行語來說，就是為最深處的自我本能「按讚」時，我終於意識到我最想要的，其實是去找到一些不同的途徑，來探討不要孩子的抉擇。我想讓人們關注這種討論，從誇誇其談的陳腔濫調裡把這個議題拉出來談，因為那種泛泛而談常常會把當了父母的人和不想當父母的人置於對立面，認定前者願意自我犧牲、更成熟，而後者始終沒走出青春期、過著今朝有酒今朝醉的人生。我想讓大家看到：沒孩子的人和有孩子的人一樣，有各種各樣的形態。沒孩子的你可能懶惰過活，可能選擇關注自我的需求，也可能保持開放心態或富有想像力地看待自己的選擇。你可以表現得冷靜從容，也可以表現得像個混蛋。

說真的，背負混蛋惡名的始終都是不當父母的人。有些惡名是我們自找的。二〇一三年八月，《時代》雜誌做了一組專題報導，封面上畫著一對自得其樂的男女躺在沙灘上，上方的標題是「此生無子女：擁有一切，意味著沒有孩子」（The Childfree Life: When Having It All Means Not Having Children），強調了一種最普遍的誤解：有些人不要孩子，只是因為更想要昂貴的玩具、奢侈的度假。在網路搜尋引擎上輸入「無子」（childfree），你會發現無窮無盡的網頁長篇累牘地炮轟「繁殖者」（breeders），還有一些自以為是的文章列表，都有「我寧可把錢花在Manolo Blahniks高跟鞋上」、「請看我家車庫裡的保時捷，那就是我不要孩子的理由」這類觀點。就連「無子」這個單詞[1]都有問題；沒有孩子的人炮製出這個詞，是為了區分故意不要孩子的人和那些不情不願或並非出於主觀意願而沒有孩子的人，但這個詞走偏了，因而觸怒了一些人——畢竟，通常放在字尾free前面的名詞都是帶有負面貶義色彩的，譬如無菸（smoke-free）和無麩質（gluten-free），但憑什麼把孩子和香菸、會引發過敏的麩質歸入一類呢？

《時代》的文章刊出時（我要特別指出：和帶有潛臺詞而走偏的封面相比，文章內容本身更沉穩、更客觀），我剛好開始為這本書尋找作者。時間點簡直太完美了。媒體在熱議這個話題，但很顯然，論爭還有一段長路要走。有線電視臺的主持人們在得知有些人不想要孩子時，會表示「震驚」（更圓滑的主持人會飛快地補充一句，「這倒不是說我在評斷好壞」）。在網路上，有成千上萬確信自己不要孩子的人因為這個話題終於得到熱議而表達了感恩之情，但「自私」、「膚淺」之類的傷人評語仍在評論頁面屢見不鮮。有天晚上，我偶然聽到公共電臺的廣播節目上，有個聽眾打電話進來，說不生小孩是完全合法、值得讚賞的選擇，但憑他的親身感受所見，在當上父親之前，他從未覺得生活如此充實——因此，他真心覺得不當父母的人的生命是不完整的、極其悲哀的。

如果說這本書要傳遞的最重要的訊息是生兒育女不見得適合，也不應該適合每一個人，那麼，編輯這本書也讓我學到了一點：不是每個人都能書寫自己如何決定不為人父

1 childfree（無子）是一個複合詞，與上文breeders（繁殖者）對立。

母的。我向很多作家發出了邀請（他們都曾在作品或訪談中表示或至少暗示過他們沒有把生兒育女之事列為優先考慮的事項），但只有極少數人早已考慮過這個議題，並願意立刻提筆。有些人回覆說，是的，他們沒有孩子是刻意選擇的結果，但對此沒有太多思考，所以沒什麼有趣的觀點可以寫。還有些人告訴我，他們有很多話想說，但不能不擔憂這樣的文章可能會傷害某些家庭成員的感受。還有一位知名的小說家，眾所周知他曾聲稱自己永遠不要孩子，但他給我的回覆竟是一張嬰兒的照片：他剛剛有了一個兒子。

這就是為什麼這本書裡的十六篇文章都來之不易，堪稱寶貴：它們敢於面對，思考深刻入微，帶著毫無保留的坦誠，稱頌生活中的挑戰，這樣的人生因其不同尋常而經常被稱為「不忘初心」（這個說法常常會顯得不太適當，但也沒有更恰當的表述了）。大多數文章都很幽默，但不乏哀傷，偶爾會帶點政治色彩，但都有個人特色；這些散文充分展示了一點：在這個世上，做一個負責任、有貢獻甚而幸福快樂的成年人，並非只有一種途徑。

這些散文的作者來自不同世代、不同地域、不同種族和文化背景。雖然彼此間存在諸多不同，他們卻在一件事上完全一致：他們都是專業寫作者。有些作者會說，在有意選擇不生小孩的廣大人群中，一群作家並不那麼有代表性（傑夫．戴爾〔Geoff Dyer〕在他那篇文章中就倨傲無禮地暗示過了）。畢竟，藝術家——尤其是作家——比常人更需要獨處的時間。作家最渴望無人打擾，而孤獨偏偏是很多人懼怕的。作家們甘願接受沒有固定收入的生活，而財務不穩定恰恰是大多數人盡可能避免的狀況。更重要的是，如果藝術家很幸運，作品可以變成遺產流芳百世，而從理論上說，作品多少可以替代孩子，也多少減輕了藝術家必須養育孩子的壓力。

我明白這一點。但事實上，作家就是以寫作為職業的人，儘管有些作家可能很孤僻。他們負責用通俗易懂的文字展現世界的複雜和矛盾。這本書的很多作者都在回顧自己對為人父母之事的感想時談及自己的寫作生活，但我認為沒有哪位作者把「寫作」和「孩子」對立起來，把不生小孩的原因歸咎於寫作——如果事情真的如此簡單，他們也不用費神大書特書了。此外，大部分寫作者和大部分非寫作者一樣，都想有孩子，也都生了。有關「無子女更自由」的討論引發了軒然大波，這些討論的重點在於讓整個社會別再假設每個人都應該生兒育女——儘管如此，想要孩子的人終究會遠多於不想要孩子的人。對此，除了那些最會小題大作的人口過剩論激進分子，所有人都會說謝天謝地。

還有一點特別明顯：本書的女性作者遠遠多於男性作者，確切的數字是十三比三。在我看來，這個比例多少說明：和女性相比，男性在生兒育女之事上（至少在孩子出生之前）鮮有嚴肅思考；而女性打自出生就要面臨這個問題，並且在耳濡目染之下，一輩子都會對這件事有所思量。但我認為，在這本文集中收錄男性的意見是很重要的。生兒育女之事太過頻繁地被看成一種女性獨有的議題。但拒絕為人父的男人們也必須正視自己的各種偏見，比方說，他們認定自己無法對一個伴侶忠誠到底，或是希望無限期地延長自己的青春期，或是遇到合適的另一半後就會在愛的感召下（並且充滿感恩地）成為居家好男人，哪怕會有點兒難以調教。

本書的三位男性作者擁有截然不同的人生歷練。傑夫．戴爾是已婚的異性戀男性，說起孩子和家庭生活就沒好氣。提姆．克雷德（Tim Kreider）也是異性戀男性但單身，始終在尋找不用當父親就能停泊的港灣。保羅．利斯基（Paul Lisicky）則是同志，曾有過一段長期關係，但現在又恢復單身了；他在他那篇苦樂參半的散文中，坦承沒有當上父親既是注定之事，又是自發的選擇：「我也許會同意——如果我和某個想為人父母的人進入了親密關係……但這也許和我說『我當然會搬去東京啦』一樣，屬於同一種類型的承諾。」

女作家們的文章可以說是字字珠璣、句句到位。有些人態度堅決，毫無後悔之意：蘿拉・吉普尼斯（Laura Kipnis）聲討「母性」這個概念如何被過度感性化；蘭諾・絲薇佛（Lionel Shriver）言之鑿鑿指出，確實，西方國家的人口總數在減少，但依然沒有理由要人因此去生個孩子。有些人回首自己並不甜美的童年：蜜雪兒・亨涅曼（Michelle Huneven）描寫了那種可以眨眼間變得冷漠無情、令人難以忍受的父母；丹妮爾・韓德森（Danielle Henderson）探討了母親在她十歲那年將她留給親戚照顧，丟下她、從此一去不回這件事帶給她的心理陰影；西格麗德・努涅斯（Sigrid Nunez）從小生活在都市內的公共住宅，她試著回想人們在那兒的育兒方式，進而追溯到後來的寫作生活如何讓她拯救了自己，讓她永遠不用去當那種「非當不可」的媽。在女作家光譜的另一端，安娜・霍姆斯（Anna Holmes）把自己的猶豫歸咎於父母：他們樹立的榜樣實在太完美了。「我懷疑自己將信誓旦旦、熱情洋溢地全身心投入生兒育女，這件事將成為重中之重，乃至我生命中的所有其他事件都將退而成其次⋯⋯」她這樣寫道，「簡而言之，我害怕的是自己足以勝任母親的能力。」

對於一本討論不生孩子的書來說，書裡收錄的文章寫到了很多真實的懷孕事件，多到令人驚訝，本該誕下嬰兒的妊娠卻以自願的墮胎、意外流產而告終，也有人恍然意識到自己從一開始想懷孕的心意就是錯的。羅絲瑪莉・馬奧尼（Rosemary Mahoney）因為害怕未來會有遺憾，曾以單身女性的身分購買捐精者的精子並進行人工授精。凱特・克莉絲森（Kate Christensen）有過一段艱難的婚姻，也曾渴望有個孩子，但她最終在婚姻和生兒育女的藩籬之外找到了幸福。艾莉特・霍特（Elliott Holt）寫到自己一度很渴望生孩子，但隨後得了嚴重的抑鬱症；她不得不細數自己的精神病史，最終領悟：當個盡心盡力、痴迷於姊妹的孩子們的好阿姨，遠遠好過自己冒險生子，當一個精神不穩定的母親。

大概不會有哪個姑姑比寇特妮・侯德爾（Courtney Hodell）更痴心、更盡心了，她用優雅的文筆記述了她的同性戀哥哥成為父親的經過，也講述了她必須面對自己和哥哥之間長年來非常緊密的關係將因此永遠改變的事實。潘・休斯頓（Pam Houston）從「擁有一切」（having it all）這句霸道洗腦的流行語說起，論及美國女性解放的倒退；對她來說，是可愛的繼女滿足了她的母性本能。珍・賽佛是諮商心理師，對她而言，指引患者獲得清晰的真知灼見的過程，就像是另一種形式的養育經歷。M・G・羅德（M. G. Lord）用犀利的筆調講述了一場童年悲劇會在幾十年後發揮怎樣的威力；當時，她的伴侶決意收養一個有可能受到生母毒癮影響的嬰兒。

毋庸置疑的是，這本書裡的某些文章會觸怒某些讀者。有些片段就曾讓我生氣，但我全盤接受，視其為應該得到披露的理由。讀完每一篇文章後，我都會覺得有點兒愛上它的作者了，無一例外——不僅是因為作者們傾訴了肺腑之言、向我展示了自己好大一部分的靈魂，有的文字還會讓我落淚。我愛這些作者，因為他們激起了我內心的種種感受和想法，而且，在我腦海中翻騰得最厲害的念頭就是：**是時候了！**是時候讓那些思維已經跳出車庫裡的保時捷、衣帽間裡的昂貴高跟鞋的人公開接受「選擇不當父母的人生」這一禁忌之選了。是時候讓我們別再把自我認知誤判為自我迷戀了，我們也應該意識到：所有人都是自私的。

好，請允許我榮幸地獻上這十六篇傑作。願你和我一樣，覺得這些文章迷死人又氣死人，讓人愉快又發人深省。

森林裡的孩子
Babes in the Woods

寇特妮・候德爾
Courtney Hodell

神話是悲觀的，童話是樂觀的，
哪怕童話故事中的某些細節嚴肅得嚇人。

——布魯諾・貝特爾海姆，《童話的魅力》[1]

六歲生日時，我得到的禮物是迷死人的兒童用綠色小拖把和小水桶。還有一個洋娃娃。拖把很吸引我。把扭在一起的布條甩在地板上，很好玩，名義上是為了把地板弄乾

1 布魯諾・貝特爾海姆（Bruno Bettelheim，1903-1990），奧地利裔美國兒童心理學家，兒童自閉症經典研究的發起人，其所著《童話的魅力》（*The Uses of Enchantment: The Meaning and Importance of Fairy Tales*）曾獲一九七七年美國國家圖書獎、美國國家書評人協會獎。

淨，但我能抓到這項工作的重點：開始，結束，你感到驕傲。洋娃娃卻讓我費解。四肢生硬僵直，雙眼一動也不動地瞪著你。我無法想像它像別的絨毛動物娃娃——例如兔子、豹斑海豹、無尾熊——那樣英勇無畏地出演歷險故事；在到處走動或做事情的時候把它夾在胳肢窩下也不方便，就算夾緊了，它也不會叫。

我用懷疑的眼光看待這個娃娃，想看出它有某種不太有說服力的魅力，也許能引發我展開像《湯姆歷險記》那樣的冒險故事，也許其中的魔力與拖把和水桶這些東西截然不同。在我小時候，那還是個人們並不沉迷於當父母的時代。像我父母那樣的孩子，一結婚就馬上生小孩，甚至還不知道自己放棄了什麼就當了父母。我媽媽到處忙，日夜無休，分身乏術，但忙的都是雞毛蒜皮的瑣事，所以對每件事的關照都像鹽粒溶於水般被稀釋了。這讓我很難看出成為父母的人生有什麼樂趣可言。

精神分析學家亞當．菲利普斯[2]曾寫道，母親會「憎惡嬰孩，因為孩子無情地向她索取一切」。媽媽的身體和我的身體是無法區別對待的——至少對我來說是這樣。我擁有她的身體。無聊地坐在教堂長椅上的時候，我會用手指頭戳戳點點她手臂上密密麻麻的雀斑；走在雜貨店的貨架走道上時，我會拽著她的手，前後搖擺，哥哥和我勢均力敵，拖著她的另一隻手。她會焦躁、絕望地說：「你們別拽著我不放啊。」我倆就會張大嘴巴，她竟然不認為我們像一排小楊樹那樣是一個整體，這讓我們非常驚訝。然後，我們會繼續拖著她走，不放手。

睡前，她唱給我們聽的歌常常是〈森林裡的孩子〉（*Babes in the Woods*），是一首關於兩個被拐走的小孩在森林裡迷了路的歌。旋律很輕快，我們總是聽不過癮：「他們又哭泣又嘆氣，／他們哭得好慘，可憐的小孩啊，他們躺在地上，都死了。」唱到這兒，我倆已在她懷裡並排躺好，蓋好被子，盡情回味那兩個孩子的悲慘命運。「當他們死去，紅豔豔的知更鳥，／銜來片片草莓葉，撒在他們身上。」

毫無疑問，她的母親也對她唱過這首歌，後來就由她自己唱。我外婆排行老九，是移民到美國的德國農民的孩子，對那種人家來說，把活雞扔來扔去就算是很好玩的遊戲了。在我的想像裡，他們不讀童話書，但他們的生活本身就像是悲喜不驚的《格林童話》，充滿了機敏而又決絕的復仇，也包括了父母和孩子之間理所應當的分歧。這首兒

2 亞當・菲利普斯（Adam Phillips，1954-），英國精神分析學家、作家，自二〇〇三年起負責企鵝出版社現代經典系列中佛洛伊德作品系列的編輯工作。

歌很適合我們，雖然我當時沒有明確意識到，很可能，我媽媽也期待我們走失，不想讓我們在她身邊。

我哥哥叫克里斯汀，是個仁善的獨裁者，只比我大十一個月；我們就是俗話說的「愛爾蘭雙胞胎」——同年生的親兄妹。從很小的時候開始，我們就覺得彼此照料是非常合情合理的，兄妹倆就像硬幣的正反面——甚至在我倆還沒學會講話前，這就成了我們私底下的共識，在很大程度上，我們是基於這個信念塑造了我們的生活。前不久，我找到一張快照，照片上我和哥哥手拉手，一起走路去幼稚園。照片拍的是我們的背影，不知道是誰在後面觀望我們。雪白的中筒襪拉得很高。照片是誰拍的呢？我媽還是我爸？讓我們單獨去幼稚園，他們到底是怎麼想的？

那些野草莓，極似標示危險的嚇人的路標，警告世人切記世上是有魔法的。我們在圖書館裡查到了：在恩格爾貝特．洪伯丁克[3]（他大名確實叫這個！）創作的歌劇《糖果屋》中，妹妹葛蕾特央求：「哥哥，來陪我跳舞吧。」她和哥哥漢索打破了牛奶罐，讓原本就少得可憐的晚餐灑了一地，怒不可遏的繼母於是讓他倆去森林裡採草莓，哪怕暮色已降臨。後面發生了什麼事，你一定知道。巫婆像祭品一樣死於大鍋裡的沸水，繼母後悔莫及。兒童心理學家貝特爾海姆指出：對孩子們來說，巫婆和繼母其實就是同一個人，而且「只有父母被打敗了之後，孩子才能擁有真正的自我」。

過了彼此照顧的年紀後沒多久，我們就去照顧別的小孩了。鄰居家的父母硬是要我們幫忙——我注意到他們是多麼迫切地想要離開，拿著叮噹作響的車鑰匙的手是多麼飛快且潦草地寫下緊急聯絡用的電話號碼。我們是很糟糕的臨時保姆，沒耐心，只在大人面前做做樣子。孩子們都知道。有個小孩每天放學回家後都用責難的口吻問我們：「你們這些蠢貨在這裡幹什麼？」我年齡一滿、剛得到工作許可證就辭掉了保姆的工作，改成去餐館收盤子——每小時賺兩塊錢，外加小費。

大概就在那時，我在一家唱片行的儲藏室裡找到了一張一九二〇年代的電影海報：兩個胖乎乎的小孩睡得正香，棕色落葉像毯子一樣蓋在他們身上。海報上寫著：《森林裡的孩子》，魔法和冒險，精采故事，老少皆宜！這樣概括劇情還挺樂觀的。好萊塢版本裡的兄妹倆也死了嗎？也有知更鳥來哀悼嗎？我把這張海報貼在了臥室牆壁上。十六

3 恩格爾貝特．洪伯丁克（Engelbert Humperdinck，1854-1921），德國作曲家，《糖果屋》（*Hansel and Gretel*）是其最著名的歌劇作品，改編自格林童話。

歲時，我已準備好緬懷我們的童年，緬懷只有我倆一起共度的時光，那是我們主動選擇的相伴方式，而非社會法令所決定的，哪怕我哥哥就在一牆之隔的房間裡，憂思重重。我沒能幫上什麼。

克里斯汀的眼光和儀式感是與生俱來的：小學時，他就無視同學們的嘲諷，把花生醬和果凍夾進去掉硬皮的麵包裡，做成小三明治，還在我們的午餐盒裡放進帶凹槽的紙托盤。到了青春期，這種美學意識更深一層，表現為華麗麗的挑釁態度（有時也表現在實際的行為舉止之上）——在一九八三年的新英格蘭，這樣做需要非比尋常的勇氣。高中食堂就是殉難地。有些人欺負他——布拉德．克勞利竟然把蘇西牌夾心餅乾扔向我俊俏、百裡挑一的哥哥！——這種不正義的做法氣得我滿臉漲紅，七竅生煙。但我沒有什麼高招能救他於水火之間。我也要應對和周遭格格不入的問題，我憂鬱、孤僻，默默地獨來獨往，不像他那樣惹人矚目。他去上大學後，家裡安靜得嚇人。我洗碗的時候，不再有人一邊甩著擦盤子的抹布，一邊唱著音樂劇《理髮師陶德》（*Sweeney Todd*）裡的歌圍著我跳舞。

但沒過多久，我倆又能一起上學了。那是我第一次坐在一九七四年產的雪佛蘭羚羊車後座，捧著裝滿炸雞的保麗龍盒，後來我們常常這樣驅車千里共同旅行。我不用費心想，只要報考他所在的大學就好了。憑他那種飛揚跋扈的自信心，是不是早就預料到我會追隨他進同一所大學？那所大學很棒，有很多讓我感興趣的事物，但那好像只是一種幸運的巧合。要我們分隔兩地是難以想像的事，但我很遺憾他選的地方氣候太惡劣了——密西根湖凍成了一塊無邊無際、混亂交疊的厚冰板。

進了大學，我很高興、也很寬慰地發現，他是有人愛的。他那荒誕非凡的智慧、自帶光環的迷人風格就像清冽的寒冬氣息尾隨在他身邊，嗑迷幻藥的癮君子們、姊妹會裡的女孩們、高傲的教授們，還有預備軍官訓練團的軍校生們，都被他迷得神魂顛倒。克里斯汀將我介紹給他所有的社交圈，幾乎帶著一種好鬥的自信，堅信我也會受到歡迎。他教我如何老練地使用水煙壺，如何鼓起勇氣加入眾人的談話，如何選對課程——也就是說，選那些最不實用的課：藝術歌曲簡介、奧古斯都時代的羅馬七山、《玫瑰的名字》[4]中的符號隱喻笑話研討課。正如奇想合唱團（The Kinks）唱的那樣：「來呀，姊

4 *The Name of the Rose*，義大利作家、符號學專家艾可（Umberto Eco，1932－2016）於一九八〇年出版的生涯第一部小說。

妹，快活起來！」我第一次聽到這首歌時正窩在一張特別軟的沙發裡，和克里斯汀的新朋友們一起爽到飛。「來跳舞，別害怕，這只是自然而然的事。」

在老家，我們過去常混在一起的一伙另類少年，其中一個女孩在我讀大學的第一年裡懷孕了。十幾歲就當媽，意味著人生希望過早破滅，我們對此都有嚴正的覺悟。但她一向很酷，敢做我們不敢或不願做的事；對她而言，大學似乎是一種讓人無望的小資產階級的選擇。她得到一份灌錄唱片的合約，她四處旅行，現在則把電吉他橫擱在隆起的大肚子上演奏。我曾想過，如果有人能夠開發出一套全新的生養、當媽的姿態，那就一定是她。可當我回鄉探望她時，寶寶一直哭一直哭一直哭，哭得震耳欲聾，哭出一種巨大的壓力，足以讓人把一切思緒推到門外。我安靜地站起來，打算告辭——那幾乎是讓人無法直視的失禮之舉。沒想到，那個不屈不撓的女孩背對著我，緊抓著水槽裡待洗的瓷製餐具，陰鬱而又呆板地說道：「請你不要走。」似乎，連她素來歡快的頭腦都一蹶不振了。這嚇到我了——她的勇敢，以及這種蠻勇的無窮無盡。

至今我仍能感受到駕車離開那棟小屋、在海濱公路上飛馳時近似狂喜的舒暢感，僅僅因為我可以盡情挑選廣播頻道，找到一首好聽的午夜歌曲就能驅走漫漫長路的枯燥。

在之後的很長時間裡，只要想到生孩子的問題，我就會想到那一段路，反倒不太去想如何避免意外懷孕。我會時不時瞇起眼睛去幻想，自己什麼時候開始想要生孩子呢——假設是三十歲，那就三十二歲生；如果三十二歲時想生，那就三十六歲再生，如此推延。我好像被勾在芝諾的飛矢[5]上，飛速前往一個我永遠到不了的目的地。我猜想，男朋友們會對此感激不盡，因為不會有「我們的關係要走到哪一步？」之類的對質。

圖書編輯的工作把我帶到了倫敦。克里斯汀比我更早來此工作，他是演藝經紀人，這也是相隔十幾年後，我倆再一次住在彼此附近。如果有點孤單，我盡可以在睡袍外面披上大衣，走過整夜狂歡、烏煙瘴氣的康普頓老街，根本不會有人注意到我，然後走進他和當時的男朋友米奇共享的公寓，和他們玩一會兒；後來，英國允許民事結合[6]了，

5 芝諾（Zeno of Elea，西元前490-430），古希臘哲學家，曾提出「飛矢不動悖論」（flying arrow paradox），說明事物永遠處於靜止的狀態，而運動只是假象。他認為，一隻飛行的箭在每個時刻都有一個存在位置，由此可知一支會動的箭是所有不動的集合，也因此可推論出一支箭是不可能移動的。

6 民事結合（civil union）是用於表達類似婚姻這種民事狀態的術語，為同性戀伴侶提供與異性戀伴侶相同的權利。它也可以用來表示不希望進入法定婚姻，而更希望處於一種類似於普通法婚姻（common-law marriage）的結合的異性戀者結合。

米奇就成了他的合法伴侶。在各自的職業生涯中，我和克里斯汀都時常要照料一些陷入情緒黑洞的人。做藝術家是很不容易的，時常爆發的壞脾氣、暴露無遺的脆弱不堪都需要彌合、療癒，這個過程很可能讓人精疲力竭，而和這樣的人打交道也會讓人緊張焦躁。這有點像照顧小孩，但他們沒那麼可愛，所以不會因此想太多。那段時間裡，他在某個夜晚陰沉地對我說：「這個世界已經有足夠多的人了。你和我沒必要再為這個世界添加人口。」我很樂於簽署這份旨在彼此扶持、共同防守的最新條約。

科學家們說，我們的目光落在自己感興趣的東西時，瞳孔會放大，綻放出更亮的光芒。對女人而言，最能讓瞳孔放大的就是嬰兒（其次是色情畫面）。但我的瞳孔和下視丘——人類的欲望中樞——之間好像沒有訊息溝通。沒有關於生孩子的渴望，至少沒在那個現成的位置出現，哪怕我其他的欲望都在那裡大聲疾呼、渴望得到我的重視。與此同時，生兒育女才是正經事——這種觀念卻在整個社會上再次被強調。專欄作家們一本正經地寫起生理時鐘帶來的苦惱——我都開始痛恨「生理時鐘」這個詞了。超過三十七歲、具體人數不明的女性接受臀部注射催產針，結果就是：可以讓雙胞胎並排躺的嬰兒車像收割機那麼寬大，霸道地占領了人行道。新一代明星挺著桃紅色孕肚拍出溫潤性感的照片，這彷彿在一夜之間成為符合社交禮儀的時髦之舉。我身邊沒有孩子的朋友們越來越少，但他們都非常低調地坦承，他們並不確定自己是否想要孩子，不僅是眼下，未來也一樣。我們就像一群異端分子在中世紀偷偷探討不可知論——明知在那個時代，這種話題會引火上身，搞不好會被綁在火刑柱上，還獲贈幾根火柴。

你能找到的所有人類文化產物似乎都在讓我們堅持生小孩。如果你是女人，你要做的正經事就是生孩子，如果你不生，那就有問題——要麼是你的身體有問題，不能受孕；要麼是你的腦袋有問題，不存在受孕的念頭。所以，我這種欲望的喪失也許真的是病態。我很盡本分地把這一條加進我和我的心理師的討論事項中。在價格不菲的診療時段裡，我盡可能輕輕鬆鬆地和她聊聊自己對於這件事、那件事的複雜想法——但我發現，在生育問題上，我做不到。她的小房間牆壁上貼了些從博物館買來的名畫的複製畫，那些畫絕不會招惹到任何人，而我審視過那些畫後，就只能看著她的雙手安靜地疊放在膝上，隨時待命。我覺得，我和她都挺希望我有更多話好講。

我常想，她希望我怎麼做呢？我察覺到她希望我更有勇氣，敢於邁出原有的自我。

但是，身為無可指摘的佛洛伊德派心理師，她緘口不談自己的意見。別人就不管不顧了。這一輩子，除了把你送進勒戒所之外，還有哪種情況是你會讓別人無所顧忌地告訴你該怎麼做？「只要你打算懷，我就能讓你懷上，」婦產科醫生這樣說，說得像窺陰器一樣生硬，「宜早不宜遲。」可我想不起來什麼時候徵詢過她的意見。還有一位作家經紀人——她的孩子們足夠湊成一支四重奏弦樂隊了——在午餐時跟我說，這個決定早晚會讓我後悔的，但到那時候就來不及了，說完還用手掌拍了桌面，把我倆杯裡的水都震濺出來了。（什麼決定？我什麼時候決定了什麼事？）還有個女人緊緊握住我的雙手，雙眼直盯著我的雙眼，對我說，生兒育女對她而言好比是在黑暗的房間裡點亮了明燈。我在心裡暗自反駁：**但年紀越大，我越像一盞幽暗的燈。到了四十歲燈枯油盡就天下太平了**。

那時候，克里斯汀和我也一度慫恿對方。

你生。

不要，你生。

然後我們就笑成一團。

既然是成年人，就該自己處理欲望，或者抑制欲望。欲望，包括對食物、酒精、性愛和狂歡的渴望和執念；如果你是女性，我還要強調：野心也是一種欲望。你不該**想要太多**。雖然這麼說有點奇怪，因為在這個年代，社會需要你對一些事情保有欲望。但我偏偏是個稀奇的活標本，對許多事毫無渴求，但整個世界好像在說：「你必須想要做這件事，只有你想要，我們才能助你一臂之力，消除你不想做的想法！」

於是，我打算嘗試一下。就像打算鼓足勇氣做一桌感恩節大餐，而後獨自坐下來索然無味地把整隻火雞嚼爛吞下，這就是所謂的熱情高漲。

在此，我可以告訴你：我很愛小孩，你盡可滿腹狐疑地審視我。但我確實愛。我愛他們，因為他們擅長狂野的語言實驗；因為他們不具備裝模作樣的能力，沒辦法對不吸引他們的事物假裝有興趣；因為他們玩樂、遊戲的時候非常認真，全心投入。

但談起不想生小孩的時候，聽上去總像在自我辯解——這簡直是不可避免的，好像你想證明過於理想但很自私的存在方式是美好的，哪怕那種美好很值得懷疑，哪怕這種論證未必讓人信服。這很難講得一清二楚，只會給人留下不堪一擊、僵化、有控制欲、反生命的印象。無論如何，就因為身旁有陌生人無禮地問了一個與他無關的問題，我就必須敞開心扉，解釋自己的所思所想，這事實在讓我厭煩透頂。

我有一個作家朋友，她辯護自己不要孩子的決定時會說：「孩子會把無聊當有趣，但對成年人來說，無聊就是無聊。」我也有同感，有些朋友的經驗常常讓我震驚，她們的小孩會在故事開始時苦苦央求，甚至大吼大叫地強烈要求，以至於她們把開頭講了一遍又一遍，故事永遠講不完；而我呢，我早就把自己寵壞了，可以不受干擾地做幾個鐘頭的白日夢。（有一個問題讓人心煩：做母親的女人沒有自由自在的時間，那我必須展示自己閒暇時做了哪些事呢？）這些女性好友的轉變讓我十分錯愕，但這也是事實。她們無私奉獻，無比耐心（在孩子出生前，我在她們身上並沒有常常看到這種亮點）。她們不是在炫耀，也不是作秀給我看。沒有哪條法令規定她們必須如此徹底地奉獻自我。她們要幫孩子洗臉，擦屁股，餵奶，洗澡，哄睡，一字一句地教孩子識字，手把手地教孩子做事，念書給孩子聽，收拾玩具，購買小衣服小褲子，六個月後再買尺寸稍微大一點的小衣服小褲子，為了上學的事焦慮，等等。關心和擔憂沒完沒了，操不完的心至死方休。我不確定自己有這種本事。也許，我是某種人形的水晶洞：閃閃發亮，但空空如也。

不過，我確實曾放手一試。至少有過一次坐雲霄飛車般的驚險體驗，雖然我緊抓安全欄桿，還是嚇得半死，我實在不想坦白——真不情願有那種感受。回想二十多歲時，如果率「性」而為，之後就要緊張好多天，等待生理期按時到來——經歷過那些緊急狀態後，現在想懷孕卻比登天還難，這簡直像是天大的笑話。我沒懷上。我沒有如釋重負，但也沒感到遺憾。我多少有點滿意，因為我的身體體面地回答了一個長久縈繞我們整個家族的問題：侯德爾家會有後人嗎？我盡責了。現在，我們都死心塌地、可以安安心心地繼續過生活了。

——

雪白中筒襪拉得高高的兩個孩子，現在已是如假包換的中年人了。有一天下午，克里斯汀發了封電子郵件給我，說他和米奇有重要的事，想和我談談。他所謂的「重要的事」是很難預估的，有時會很嚇人：為什麼他不是你正確的男友人選！你的工作好比是下了毒的聖杯！那個口紅色號很不招人待見！（我們都很害怕那種熟悉的開場白：「我要滿懷愛意地對你說……」）我們開啟視訊通話，而我練過表情，可以讓螢幕上的臉孔顯得很善於傾聽。

但這一次，完全不關我的事。多麼像齣喜劇！家裡人暗中觀察我的生活走向，揣測我大概何時結婚，但就在這期間，我的同性戀哥哥早就一步到位了。如今，家裡人在第三代問題上保持有禮貌的吞吞吐吐，但我哥哥已去過康乃狄克州的一家診所，翻完了好幾本貼滿生母照片的活頁文件夾。他和米奇緊挨著，同時擠進我的電腦畫面，告訴我：他們選中了一位捐卵者的卵子，從資料上看條件很匹配，再付十萬美元，再加點兒運氣，不出一年，他倆就能當上父母。我之前甚至不知道他們考慮過要孩子的問題。不過，我覺得米奇想要孩子並不讓人感到意外。他的身邊總有一種沉靜的氛圍，就像帽子般的白雲蓋在青翠的山頂。需要撫慰的人都會想到他：無論焦躁或靦腆的人，無論小孩或老人。這個世上隱藏了很多功力強大的撫慰者、養育者，米奇就是其中之一。

這倒不是說克里斯汀沒有為人父母的天賦。有一次，我走過一家店的櫥窗，看到一座黃銅小雕像就停下了腳步：那是一隻用後腿站得筆直的貓鼬，在等待夥伴們到來時，預先偵察附近有沒有危險。我想也沒想就買下了它，因為它看起來活脫脫就是克里斯汀。但我們有過約定啊！他不是說已經有太多人了嘛！我忘了，自己也差一點打破那個約定。

他們找到了代理孕母：高尚而神聖的夏拉，遠在堪薩斯州的威奇托市。康乃狄克州的診所傾力協助。米奇和克里斯汀都盡了一份力——我沒問細節，但想像得出來，那個流程必定也包括廁所裡的特殊雜誌——然後用針管輸入當天從捐贈者那兒取得、儲藏在真空容器裡的卵子。捐贈者和他們匆匆一見，幾分鐘後就被推進取卵室，他們都忘了拍一張她的照片，可以留給後代看。「我們凍了十五顆受精卵，」克里斯汀慷慨地向我彙報，「只要你想，可以用一顆米奇的。」

他們安排夏拉坐飛機到診所，植入兩顆受精卵——分別來自他們倆人的精子。克里斯汀得知已能聽到第一聲強健的胎兒心跳時，我正好去倫敦看他，他坐在那間玻璃牆隔出的辦公室裡，看著他的員工們圍繞著他，鼓掌喝采。他接受他們的祝賀，然後我倆緊緊擁抱，像脊柱推拿師那樣使足了勁，簡直能壓斷對方的肋骨。但當他關上門，眼裡就湧現出晶瑩的淚花。「我在意的是，沒有兩種胎音。」

很快，夏拉用電子郵件寄來了超音波照片：一顆小豆莢般的胎兒，一會兒看得見，一會兒又看不見了，墨水印般模模糊糊的，像一幅古舊的銅版畫。克里斯汀和米奇一連幾個鐘頭討論給寶寶起什麼名字。「現在我們來試試珠寶系列！紅寶石——露比。珍珠——佩爾？玉——潔德？」然後，很快換成了地名系列：盧西塔尼亞、滑鐵盧、威奇托。

最後勝出的是艾莎，所以，她叫艾莎。她出生那天，我飛到堪薩斯，當他們的管家，讓他們慢慢琢磨怎麼當家長。克里斯汀是爸爸，米奇是爹地。但她出生幾分鐘後採到的血樣，證明了她的親生父親是克里斯汀。是**我的**，他用不可思議的口吻輕輕說道。艾莎的身分文件要一個月才能準備好，為了辦完手續，他們就在近似貧民區的地方租下一間貼滿壁紙的公寓，暫時過渡。夏拉使出吃奶的勁，擠出了足夠多的奶水。冰箱裡，我們的食材中間排起一瓶又一瓶略微渾濁的淡黃色母乳。這位和我們非親非故的慷慨陌生人和艾莎的身體關聯最密切、最恆久，遠勝於我們三人中的任何一個。她孕育了她——或者說，她允許艾莎在她體內自我成長，從我哥哥和一位有著棕色眼眸、漂亮的法學院女學生的基因素材起步，慢慢舒展出小小的身體。那位女大學生來自羅德島，祖籍匈牙利，我們再也沒有見過她。

不是每個人都會一眼愛上新生兒的。這是姑姑的小祕密。艾莎像來自外星球的訪客，紅通通的，瘦巴巴又皺巴巴的，左右臉有點不平衡，不透明的眼眸是礦石般的藍色，不管誰拿著奶瓶俯身湊近，她的目光都會細細爬梳，小嘴巴會不斷一張一合，搜尋吸吮的對象。顯然發生了一些事，但誰能說出來：到底是什麼事？她間歇不斷地哭，聲音微弱，渾身震顫，好像她的小身骨還不夠強健，不足以抵擋陣陣襲來的渴求。克里斯汀覺得她哭起來的樣子特別搞笑。聽她哭得那麼悲傷，我也快哭了，他卻冷不防地問道：「你醉了嗎？」他一把舉高艾莎——她被裹在襁褓中，活像法式魚子醬小麵包——穿著襪子在客廳裡假裝溜冰，一邊還唱著聖誕頌歌。艾莎目不轉睛地盯著他，一動不動地依靠在他的臂彎裡。他輕快地從我身邊掠過。「這是寇特妮姑姑！」

這才是讓人震驚的！他有當爸爸的天分：輕鬆、自信、無畏。誰允許他和我如此不同的？

威奇托好像處處都有大賣場，我們租了一輛很大的休旅車，在各大賣場之間來回穿梭，買下各式各樣的龐然大物——都是七天大的小寶寶所需要的。克里斯汀解說她的人生走向：「她要會滑雪，會講法語，會打網球，會彈鋼琴。別的事情就讓她自己挑好了。」

車裡的氣氛有些許變化，我感覺得到他在思考一些事。我瞥了一眼他的側臉，背景上有代表堪薩斯州的彩帶。他的髮型本來像拜倫，現在剪得像凱撒那麼短。但他的鼻子很挺，很帥，我認為他看起來非常高貴，一點也不像是個該開休旅車的人。

「跟我講一講……關於……妹妹[7]的事。」他無法講出那個詞。

「你是說，陰道？」我忍住沒笑出來。說真的，我有點受寵若驚，終於有人問了一個我好歹有所了解的課題。「首先，你可以把它想像成一台具有自動清潔功能的烤箱。你不需要拿著肥皂之類的玩意兒鑽進去打掃。只要你保持外部清潔，它就可以照料自己，還有……」我就這樣往下說了。

過了一會兒，他緊握方向盤的手指握得更緊了。「好，太好了。我認為眼下我聽不進更多內容了。」他好像只能用嘴巴呼吸了，「但很感謝你。非常有幫助。」

可憐的男孩。我意識到自己並不知道他此生有沒有近距離地看過女人的下體，可現在他要負起責任，讓一個女孩的下體感到舒適自如。我們轉彎進入了甜甜圈店外的得來速車道，標有「新出爐」字樣的燈亮起來，讓人倍感欣慰。我有種預感，下一次他向我諮詢應該是十幾年後的事了，也就是嚇人的月經出現的時候。

艾莎的身體還沒我的前臂長，但前途漫漫，震盪不斷。女孩一出生就攜帶了此生擁有的所有卵子，足夠養育出一個小城鎮的人口。但這些卵子從一出生就開始相繼死去，只有幾百顆能幸運地穿過輸卵管，得到繼續成長發育的機會。如果我來算，我會說女性有二十多年真正意義上的、進展迅速的生育期。一年有十二次月經，無需專家支援，也無需中頭彩，就有兩百四十次機會可以妥妥地造出寶寶。為什麼我已經開始想這事了？她出生才幾星期。這就是人類的艱難歷程——你可以從頭看到尾。所有隨處可見的瘋狂之舉——參加派對，墜入愛河，購買房子，努力工作，諸如此類——都可能像一個可樂罐那樣被一項簡單的事實壓扁：我們生孩子，孩子才能再生孩子，一代一代生下去。想

7 克里斯汀在這裡用的是美式英語中指涉陰道的俚語coochie，該詞的流行據考證來自威利・迪克森（Willie Dixon）於一九五四年創作的布魯斯風格歌曲《我是你們的魔法猛男》（*Hoochie Coochie Man*），Hoochie Coochie是一種在一八九三年風靡美國芝加哥的異性之間相互挑逗的貼身舞。

到這裡，我頭暈目眩，宛如你低頭去看池塘，只看到星星消失在你腦後。

我們收到了艾莎的護照，夏拉沒有奶水了，精疲力竭的我們於是各奔東西：米奇和克里斯汀開啟和過去截然不同的生活，不知道度過了多少驚恐和極樂的時光；我回到我的家，地毯中央有一隻襪子，水槽裡有一只空杯子。

我不用臉書，但我開始每天查看他們在五千六百多公里之外分享到網絡上的照片。有天早上，克里斯汀發了一篇貼文，寫著：

> 陪產假的最後一天。很傷心。今天，我的小天使五週大了。從此往後，我所做的一切都為她，和她完美的爹地。

瞧——我已被踢出了我們的納尼亞魔法小王國。衣櫥裡只有大衣了。我很難過，但他寫的是事實。在布魯斯．查特文[8]的小說《在黑山上》（*On the Black Hill*）裡有一段關於雙胞胎成年後的描寫：「因為他們知道對方的想法，甚至不用講話就能吵架。」現在，我哥哥的所思所想是我永遠無法擁有的了。在大學裡，他教過我如何講話，但這一次我無論如何也開不了口，大聲說一句：**別把我丟下**。

只有一個解決辦法：愛這個小小人，生平第一次，我要用道地的成年人的方式去愛一個人。不指望對方回報同等的愛。虛榮心受傷也不要緊。對即將出現的厭倦、煩惱、憤怒做好心理準備，哪怕我沒辦法處理好。有時候會被她看成可笑的傢伙，我對此心知肚明。我也知道我沒有權利自詡為父母，不能對她有過多的要求，頂多像別的成年人那樣對小孩說：「拉住我的手，我們要過馬路了。」

——

事實證明，重點並不在於無情——我知道自己還是個孩子時就有的那種無情無義，那曾讓我害怕。身為父母，有的是享受被掏空的時刻。

內森——他當我男朋友有五年了——第一次抱起艾莎時就熱淚盈眶。大顆淚花閃

8 布魯斯・查特文（Bruce Chatwin，1940-1989），英國旅行作家、小說家、記者。代表作有《巴塔哥尼亞高原上》（*In Patagonia*）、《歌之版圖》（*The Songlines*）、《烏茲》（*Utz*）等。

動，被下睫毛接住，沒有墜下來。「不是因為傷心，」他說，「只是一言難盡。」我的決心已定。但這個決定還沒有成為過去式。不管結果如何——我會拖延、怠惰、焦慮，還是專注於自我？——我們每天都會帶著這項決定生活，承擔其後果。內森比我年輕，在他這個年紀就考慮將來有沒有自己的孩子似乎有點奇怪。但只要他選擇和我在一起，結果就將是沒有。我想讓他留在我身邊，但就像大家說的，很難。

我從靈長類動物專家莎拉．赫迪[9]的專著中得知，在自然環境裡也有姑姑和阿姨。當然，從生物學的角度說，這兩個角色無所不在，但其中有些（絨猴和葉猴，我在說你們呢）姑姑和阿姨的表現，恰恰就是我希望自己擁有並已身體力行的那種行為方式，學術用語叫作「擬母親行為」（allomothering），指的是母猴允許其他母猴照顧子猴。牠們會餵養、清潔、擁抱、帶著不屬於自己的孩子。所以，我——以及所有在遺傳譜系上走到死胡同的姊妹們——現在的做法，是有專門用語的。不管我此生學到了什麼，這些都不會因我消失而消失，我會傳授給艾莎。

從感覺出發，我們轉向思考，繼而付諸行動。「如果我們有一種善良的本能，」亞當．菲利普斯寫道，「那就必須把矛盾的複雜性納入人際關係中。能容忍自身的衝突，以及他人的衝突，就是善；能為了現實而放棄魔法和多愁善感，不僅對自己，也對他人如此，就是善。」當夜色降臨森林，漢索讓葛蕾特戴上森林女王的花冠，對她唱道：「我把草莓給你，但別把它們都吃光。」真的很難放手，讓你一生信奉的故事告以終結。再見，哥哥；你好，爸爸。如同在童話中，在洗禮儀式上必有信物可供贈予，我也將獻給她一份禮物：野草莓將永遠是甜美的草莓。「Fraises des bois[10]，我親愛的艾莎，」我哥哥會說，「來嘗一顆。」

9 莎拉．赫迪（Sarah Hrdy，1946-），美國人類學家、靈長類動物學家，一九九〇年代提出互助繁殖的假說，是動物行為研究領域的權威。著有《母性》（*Mother Nature: A History of Mothers, Infants, and Natural Selection*）。

10 法語，意為野生草莓。

母性本能
Maternal Instincts

蘿拉・吉普尼斯
Laura Kipnis

「就像拉出一顆大南瓜。」這是激進的女性主義者舒拉米斯・費爾史東[1]對生孩子的描述。這段話非常有名，但其實不是來自她的親身體驗，而是某個朋友喜得貴子後向她描述的感覺。不過這剛好確證了費爾史東的觀點：生孩子是原始而又野蠻的，懷孕應當被廢止。她的立論並不局限於個體所受到的折磨，意旨相當宏遠——除非人類能發明、運用某種科技手段，否則，女性永遠得不到平等的社會權益，因為兩性間必須承擔

1 舒拉米斯・費爾史東（Shulamith Firestone，1945-2012），出生於加拿大，早期激進女性主義者，在紐約組建了激進派女性主義組織，一九七〇年出版《性的辯證：女性主義革命的論據》（*The Dialectic of Sex: The Case for Feminist Revolution*）。她反對生理母親的身分，認為男女不平等的根源在於生殖功能的不同，所以提出變通法，即體外人工授精，一方面依靠避孕技術，另一方面依靠子宮外生育。女性可以這樣避開「野蠻」的懷孕，男人也可以有孩子，不再讓生理決定性別分工，而只有讓社會分攤養育的職責，女性解放才能完成。

生養痛苦的一方，只能是我們女性。很顯然，如果強迫男性接受此等折磨和考驗，那傳說中的「科技手段」恐怕早就被發明出來了。

費爾史東必定不是「自然」的腦殘粉，我也不是。每當聽到別人，尤其是女人鼓吹母性本能、母子紐帶是所謂的「自然」現象時，我就會有抵觸感。倒不是說我否認這類現象，它們顯然存在。作為成年女性的社會慣例而存在——在人類歷史的這個階段，是由女性負責生孩子——但這種情況未必永恆不變，因為社會本身就具有可塑性。

但隨「自然」而來的這一切感情用事，甚至膜拜自然，又算怎麼回事呢？好像只要追隨「自然」，你就能自帶光環，擁有某種道德力量？對女性，自然根本算不上什麼朋友，甚至會以隨機概率任由某些女人死於生養之類的事。大自然發威時，誰都無法笑著面對那種暴虐。我們當然喜歡萬里無雲、金沙碧浪那樣的大自然；但當海嘯害得家破人亡，鯊魚一口咬斷你的胳膊時，誰都愛不起來了。如果讓大自然來決定的話，女性就該為人類繁衍奉獻自我，順從而被動地擔當生養的工具，無怨無悔地滿足所有社會需求。在改寫自然的過程裡，現代科技的角色舉足輕重，譬如降低孕婦的死亡率，推行合情合理的避孕方式，總算賦予了女性一點自主選擇權。如果要歸結於一個選擇，我會把票投給科技和現代性，這些事物解放女性的程度遠比爭取女性投票權、女性權益法案（想當年，這些也是相當重要的進步）要高得多，能將我們從自然的箝制中解脫出來。

雖然我對母性本能之說抱持異議，但這並不是我沒生孩子的原因。我從來都不反對生兒育女——誰都不能說我不愛小孩！那就好比志願參加和平工作團[2]，也意味著令人好奇的、未來的可能性。生孩子也好，參加和平工作團也好，我都沒有付諸行動，但我自認已盡到了一份力，確保人類的未來有希望。誰都不能否認：在摯愛的外甥們（一女兩男）的成長歲月裡，我花了將近一年大學學費的巨資，定期帶他們去看電影，用一桶又一桶價值不菲的爆米花、數以加侖計的汽水賄賂他們，只求他們乖一點。誰都不能否認：我傾盡全力感化他們，把自己的價值觀（例如反抗社會的意識、懂得批判思考）灌輸給他們，潛移默化地塑造他們，這項偉業持續至今——每逢假期，我就塞給他們幾百美元的現鈔，但看不到富蘭克林的頭像，因為我用膠帶黏上了我本人的照片。在他們父母聽不到的地方，我連哄帶騙：「所有大人當中，你們最喜歡誰呀？」在我的精心調教

2 Peace Corps，美國聯邦政府下屬的志願服務組織，參與協助發展中國家的各種計畫。

下，他們已進化成語速飛快、能嘲會諷的小混球，說出的話能讓你笑個半死；他們一邊容忍並譏諷我的改造運動，一邊把現金收進口袋，假裝記下我列出的閱讀書目和人生教義。我認為我們很有默契。

不，儘管我的教育天分已得到證實，我仍不相信所謂的母性本能。任何精讀女性議題的文學作品的人都知道，那是一個虛構的概念，出現於特定歷史時期（這裡我指的是西方歷史）——大約是在工業革命時期成了約定俗成的設定：新工業時代的勞工分類依據性別而定，男性去工作，女性在家養育子女（在此之前，幾乎所有人都在家工作）；由此出現了新的論斷，即這樣的安排是遵循自然規律的。研究家庭的歷史學家告訴我們，這也是將兒童浪漫化的開端——諷刺的是，只有當孩童的實際經濟價值降低，也就是說，他們不再被當作輔助勞動力時，孩童的羅曼史才能拉開序幕：他們搖身一變，成為今天我們眼中的無價之寶。養孩子花的錢比孩子為家庭經濟做出的貢獻更多，這時候，生兒育女才需要某些「正當」理由，於是，人們才開始接受這種說法：生育後代是圓滿人生的大事件，能帶來情感上的巨大滿足。

嬰兒死亡率的降低也讓母親們開始認同：生兒育女是件有愛的事。嬰兒死亡率高居不下的年代裡（在十八世紀的英國，不足週歲的嬰兒死亡率在百分之十五至百分之三十），母親對新生兒的依戀程度也比較低，這不難理解。正如歷史學家勞倫斯．史東[3]指出，當時用已故兄弟姊妹的名字為新生兒命名是很普遍的現象；換言之，幾乎不太有人把新生兒視為與眾不同的個體。同樣普遍的現象是：孩子剛出生，就會被送到乳母那兒餵養，親生母子之間的紐帶僅限於生產的過程；在經濟不景氣的時候，新生兒甚至會被直接送到孤兒院或濟貧所（用史東的話來說，那樣的地方「簡直是執照營運的死亡集中營」）。但在那個年代，童年之說根本不存在，至少，「童年」不是一個公認的概念，就如歷史學家菲利普．阿利斯[4]論述的：童年，也是一種社會發明的產物。以前，孩童被視作小小的成年人，五歲就能離家幹活，去當學徒。進入十九世紀後，人口出生率急遽降低，家庭規模變小，在這種前提下，每一個孩子具有的情感價值才會上

3 勞倫斯．史東（Lawrence Stone，1919-1999），英國家庭史、貴族史專家，著有《貴族的危機》（*The Crisis of the Aristocracy*）、《英國的家庭、性與婚姻》（*Family, Sex and Marriage in England*）。

4 菲利普．阿利斯（Philippe Ariès，1914-1984），法國中世紀史、社會史專家，以對兒童史、家庭史和死亡觀念史的研究享譽於世，代表作為《童年世紀》（*Centuries of Childhood*）。

升。這就是我們時下關於母性滿足感的大部分觀點的源頭。

我要說的是：我們所謂的生物本能其實是歷史造就的人工產物——是特定的文化發展產物，而非切實的自然屬性。雖是虛構的天性，卻可以帶出逼真的體驗（我敢肯定那種感覺是深入骨血的），但在過於情緒化之前，請別忘記：在漫長的人類歲月中，母性也有錯綜複雜的表現，歷史上有過的殺嬰、棄嬰、虐嬰等殘酷的民俗都要算在內。

不過，我反對用浪漫的態度對待母性的真正原因在於：在效忠自然的過程裡，我們忘了重要的一點——既然大自然從來都不善待女性，要我說，我們也不用對大自然的饋贈感恩戴德。如果確如西蒙．波娃（她也不是母性的腦殘粉）所言，女人曾「被自然誘捕」，生物特性決定了由女性擔任生兒育女的責任，那就該有許多社會性的補償來平衡這種不公正，但如今的社會給予女性的補償遠遠不夠多。為什麼這方面的進步如此緩慢？因為女人們總會忘記去聲張，去索求補償，因為女人們過於確信：這種社會安排是符合「自然」規律的。心甘情願地把不公正稱作「自然」現象，我們就這樣把自己送進了當今社會的傻瓜專用通道。

我從沒把生育排除在人生計畫之外，但也沒有打骨子裡認定自己會當媽。也就是說，我在控制懷孕這方面挺隨性的，對自身生理機制有完整意識的女性大概都會比我謹慎。我從不認為性和生育有必然的聯繫——反正，我不會用那些你要左思右想才會去用的避孕方法，比如宮內避孕器（IUD）——所以，這些年來也懷過幾次孕，每一次都是在我改用避孕方式的那一、兩個月。懷孕是很有效的檢驗標準，能幫你確證生活中每件事的輕重緩急，也會在你決定要不要簽署長期合約時，向你澄清為人母所需要的各種世俗條件。

上上一次懷孕那會兒，我處在一段長期的親密關係中，因而也切實考慮過要不要順水推舟生個孩子。那時候，我和男友已同居五年——我們很可能再同居十二年，甚至一起買房子——換言之，我們的感情足夠穩定，經濟上也毫無壓力。只不過，他在一個很有名的爵士樂隊當貝斯手，每年巡迴演出在外的時間就將近半年；而我呢，我當時剛剛拿到密西根大學為期三年的獎學金，打算以後搭火車來往於安娜堡[5]和芝加哥——只要我男友巡迴回來，我就回芝加哥（當然，他也承諾說週末會盡量來看我）。驗孕結果

5 Ann Arbor，密西根州的一座城市，密西根大學在此設有安娜堡分校。

出來後，我不得不去幻想自己推著嬰兒車，背著大電腦（那時候的筆記型電腦可笨重呢），帶上一堆書，再拿著一大包嬰兒隨身用品去坐火車是什麼模樣，而我想來想去都覺得：我真的沒法帶那麼多上路。我也想過索性放棄獎學金（想了大約半秒不到），但那似乎不是最明智的人生抉擇。要知道，我拿到這份獎學金時，都不敢相信自己有那麼好運。至於我男友呢，他也有他的夢想——他不打算半途而廢。（就算他想放棄，那接下來以何為生呢？難不成去猶太成年禮上當伴奏嗎？）得出結論的過程頂多十秒鐘——比我寫出這個段落的時間短得多：當時生孩子是不切實際的，說得再準確一點，在當時孤立無援的狀況下生孩子是不切實際的。我做了人工流產。

回首當年，我意識到，拖著大包小包和嬰兒車在火車上艱難前進的畫面恰恰濃縮了我心目中為人母的感受：沉重而感到被拖累，被錨定在孩子身邊，儘管我心裡的矛盾顯然和「母親」的社會形象有關，也和紙尿片有關。（我本可以買輛車代步，那就能免於受大包小包擠火車的罪了——後來，我確實買了車。）然而，和一個爵士樂手共同生活的樂趣之一就是說走就走：身為樂手的女友，接到通知就收拾行李，衝向漫長旅途，跟著樂隊飛往日本或歐洲，哪怕去內布拉斯加州的奧馬哈市短途旅行也不錯。我已經習慣了輕裝出行，航班延誤時也不會抱怨連天。（我也學會了在出海關時和樂團分開走，否則我的盥洗包會被翻個底朝天，每一樣東西都會被望聞問切。）我喜歡那種生活，不可能預先知道接下去會發生什麼，而身為母親的生活與之截然相反——反正，我是這樣想的。

有些人會覺得，既然我懷孕（好幾次）了，說明我說不想生只是裝模作樣，骨子裡其實挺想當媽的。這有可能，但我不認同——倒不是說墮胎會讓我深陷痛苦，日後還會懊惱。我很樂意嚴肅考慮生兒育女的問題，但如果我足夠誠實，就該承認：與其他不生孩子的理由相比，最讓我恐懼的是因此被召入媽媽軍團——在兒童遊樂場和日間托兒所裡，在當今中上流階層的父母中被奉為圭臬、但也沒完沒了的親子活動和課程中，進行「媽際社交」。

這事把我嚇到了。一來，我從來就不擅長八卦閒聊，而那就是女性的社交傳統。其次，我遇到過的媽媽們都像是奇怪的物種，讓人羨慕不起來：她們個個心煩意亂、身不由己、滿腹怨懟。我不想一不小心就變成她們的一員。我當然知道，孩子會帶來無與倫比的幸福感——對另一個生物的深厚的愛，與更偉大的人類宏旨有深刻的關聯。但日復一日的世俗生活仍舊存在。讓我們面對這個現實：孩童最美妙的特點，並不在於他們的智力、睿智的談吐。育兒時會碰到的日常狀況，更多是單調和乏味，是智力的萎縮。這些年來，只要我拉住摯愛的外甥和外甥女去遊樂園裡玩各式各樣的玩具，或者拽著他們一路小跑步去兒童博物館的時候，我總能在圍繞鞦韆架的那些女人臉上清清楚楚看到這一點。更不用說（到底怎麼說才顯得有禮貌呢？）在這個時代，不管有多少人假惺惺地強調帶孩子出遊有多麼重要，你終究無法把這件事稱作有價值的社交活動。你為此勞心勞力，還會忍不住生氣——偷偷地在心裡氣：就因為帶了個孩子，社會地位瞬間被拉下幾十級！你肯定會想：大部分的育兒工作都仰賴女性，這樣真的好嗎？女性顯然更容易含冤受苦——她們的情感需求最容易被社會輕視，勞動和付出最可能被低估，結果就是：她們很敏感，也更容易崩潰。

最近，我聽幾個沒孩子的女性朋友說起過，她們意識到媽媽群體會用異樣的眼光看她們，好像她們沒孩子就等於背叛了為廣大女性忍辱負重、養兒育女的媽媽們。我好像沒有這方面的親身體驗（可能我神經大條，毫無覺察力），家裡也沒人催我生，但這種壓力顯然會很強大。（我前不久問過我母親：「你怎麼從來不催我生孩子呢？」她翻了個白眼說道：「催有什麼用？」）不過，反過來說，你也會聽到有孩子的朋友抱怨，說有些媽媽會對她們說三道四，只因她們沒把有機嬰兒食品打成糊，或是沒有達到某個高標準——這些標準都是那些曾經覬覦名利、現在變成全職媽媽的野心家們制定的。

很顯然，社會越「進步」，推崇「自然」養育小孩的力道就越強——自然和女性再一次被鎖定在某種主奴關係中。我傾聽，我沉思，而在我內心最陰暗的角落裡，我認為當今母親的狀況和一九六〇年代貝蒂．傅瑞丹[6]描述的母職不適症並沒有太大差別；只不過，我們面對的是升級版。現在的女性和傅瑞丹那時的女性一樣，都感到自己被欺騙、被低估了，她們依然很憤怒，但沒把孩子晾在一邊不管，整天借酒澆愁，而是化憤怒為動力，調至超速運轉育兒模式——做母親，幾乎就是一項競技運動項目。

再回來說說女性和自然。為了闡明一點，請允許我說一句可能違背傳統的話。談及

6　貝蒂．傅瑞丹（Betty Friedan，1921-2006），二十世紀美國著名女性主義者，推動了美國第二波女性主義運動的發展。一九六六年，她在美國創立並領導了「美國全國婦女組織」（National Organization for Women，簡稱NOW），一九七〇年又協助組織了「全國婦女政治會議」（National Women's Political Caucus，簡稱NWPC）。代表作為《女性的奧秘》（*The Feminine Mystique*）。

生理特徵，人們言之必談女性背負了極其痛苦、擺脫不掉的生育重任。（抱歉，應該說「特權」，一種可以置你於死地的特權，謝謝！）但還有更糟的呢。大自然在塑造女性的時候，開了一個小玩笑：女性性快感的首選落腳點——陰蒂——和陰道稍隔一點距離，而陰道才是人類性行為的主要發生地。雖說這一點只影響了和男性發生性關係的女性，但終究是關乎大部分女性。很多男性顯然無法從自身出發理解女性複雜的生理特徵，研究者們也能佐證這一點，他們蒐集到了女性性高潮和男性性高潮的對比數據——至於比分嘛，女性輸了一大截。（我知道，性高潮並非性快感的唯一指標，但顯然不容小覷。）

現在，我們可以這樣解釋兩性性高潮的差異：與生俱來的生理結構決定了女性在某些部位得不到完整的性快感，且只能聽之任之。但我們大多數情況下不會挑明，就算你可以用生理學知識精準地證明這一點，但在當今的社交場合，這無論如何都不算討喜的話題。人們愛聽的是女性和男性一樣擁有了性平等，女人和男人一樣有權得到性快感——就連男性時尚雜誌都這樣說！事實上，這種觀念橫行天下，就連電視上的情境喜劇都拿這種事開玩笑。現如今，每個人都知道：只需一丁點兒自我再教育、一丁點兒耐心的溝通，就可以把男人調教成更好的情人。很多男人現在也樂於培養這類技巧，那會讓他們倍感自豪——我親眼見過好多T恤衫的印花字在強調這一點。

我想強調的是，相比於在母性形式上發起革命，女性在渴求性快感方面一直更有創意。涉及性快感的時候，不管自然強加給兩性的天生條件多麼不平等，女性都能克服困難——換言之，文化顛覆了生理。但涉及生育時，不知道為什麼每個人都變成了激進的生物決定論者。而且，女性不只是大自然指定的懷孕者，絕大多數情況下，還會直接引申出另一個社會角色：她們注定也是養育者。誠然，對照過往，男性已經分擔了越來越多的養育工作，但大部分女性還是要面對經典的兩難選擇：當媽，還是當職業女性？但這並不是兩難選擇，而是偽裝成自然決定的社會性選擇，是社會的產物。只要我們發揮創意——就像我們爭取性快感的平等權時那樣——就可以有各種各樣合理組織社會與生育繁殖的辦法，不再滋生錯誤的選擇；但為了達到這一點，必須有政治上的意願。總得有個正確的發展方向。

必須承認的是：女性自身在這件事上沒起到推波助瀾的作用，至少，那些到處亂說話的人絲毫沒有做出貢獻，她們只知道誇大我們和自然的神祕關聯——什麼母性是天性，什麼母子連心，諸如此類。根據戴安．艾爾[7]在《母嬰紐帶》一書中的闡述，所謂母子連心這種「紐帶」毫無生物學論據，根本就是「科幻式虛構」。艾爾寫道，大部分科學機構都不再研究母嬰紐帶，因為那與其說是科學上的預設，不如說是某種意識形態的預設，是由關於自然受孕生養，以及女人在家庭中的地位的傳統觀念所決定的。在工業化時代之前，也就是女性也能被受雇之前，根本沒人談論這種紐帶。請注意：紐帶之說是在一九七〇年代初期開始湧現的，備受兒童成長專家們的推崇；那時候，女性正在湧入勞動市場（打破關於女性自然而然應該生兒育女、持家的傳統觀念），而諸如小兒科醫生T．貝瑞．布列茲頓[8]之流的專家卻斷言：母親在嬰兒初生那年不在家維繫母嬰紐帶，就等於放任流氓和恐怖分子慢慢長大。

因此，問題變成了：關於女性生理機制和自然，採納哪種觀念才是最有利的？如果我們對某人不斷重申，自然是用子宮到大腦的直線通路蠱惑女性的，你猜會怎麼樣？這必然會讓那些理應擔當養育孩子的社會職責的人，在各種前提條件下推卸責任。男人將沒有更多理由主動要求平等養育孩子的權利（假設我們把男人考慮進去），日間托兒所將永遠不會成為義務教育那樣的社會福利，而如何兼顧孩子和工作也將繼續成為每一個孤單女人要獨自解決的兩難——當今大多數母親都處在這種狀況裡，出於經濟考量，必須保有工作，但困境依然存在。

——

過了三十五歲後，我想過要不要獨自撫養一個孩子。那時我已和樂手男友分道揚鑣了。我當時的新男友和我偶爾會幻想一下，要是有個孩子會怎樣——有一次，我們在浪漫的泛舟旅行途中如此遐想，他還求婚了呢——儘管我們在一起幾年了，但並不能維持足夠長、且可以確保婚姻和生養的情感關係。我們分手後，我有一陣子算是處於空窗期，雖有個男伴，時不時會約一下，但我沒有和任何人談一場正經的戀愛。我告訴他，

7 戴安．艾爾（Diane Eyer，1944-），美國教育心理學家，曾任教於賓州大學，著有《母嬰紐帶》（*Mother-Infant Bonding*）、《母親的內疚》（*Motherguilt*）等。

8 湯瑪斯．貝瑞．布列茲頓（Thomas Berry Brazelton，1918-2018），美國小兒科醫生兼兒童發展專家，曾設計風行全球的新生兒行為評估量表（NBAS）而為人所知。

我在考慮生個孩子，他說他很願意幫我懷上，只要我願意，但他不想參與養育孩子的部分。好歹，這算是個可行的計畫。我去找我姊姊，也就是我那可愛的外甥和外甥女的親媽。我問她，假如我有一個孩子，萬一我要去工作或出差，能不能讓孩子住她家？她的膝下已有好幾個兒女，多一個也沒人注意吧。我很抱歉地告訴大家，她當場大笑一頓（善意的，她囑咐我特此注明）。笑完了，她解釋說，眾所周知的事實是：沒有哪個保姆願意在四個孩子滿屋跑的家裡幹活，三個是極限。我再動之以情，但她不吃這套。沒過多久，當個單身媽媽的主意就在我腦中煙消雲散了。

每當我聽到專家們探討持續下降的生育率、人口老化，我都會覺得那是我的錯。要是你不知道，請允許我補充一下：工業化社會的生育率在避孕藥發明後直線下降。（在發展中國家的人口危機爆發同時，歐美國家則出現人口不足的現象。）當然，這也不能都怪避孕藥：進入高等學府深造的女性數量增多，勞動市場對所有人敞開懷抱（若也能敞開金庫就好了），這之後，生育率就下滑得更厲害了。很多女人在談論母性本能，但說生就生的女人比以往任何一個年代都少：現在，四十歲之前要麼無子、要麼只有一個孩子的女性數量增長最快。人口學家預測，未來必然出現的狀況將是災難般的結果：一個無法維繫自體經濟的老年社會。

雖然沒人直白地這麼說，但女性確實是在用自己的子宮投票，理由也很簡單。社會援助太少了，尤其要考慮到大多數女性目前不僅要當媽，還是在職的媽媽。然而，沒有任何一項社會政策是對應這種狀況的。有趣的是，受教育程度越高的女性生養的孩子越少，而在發展中國家，甚至是基本的讀寫能力都和生育率呈反比——文化程度越高，生育率越低。換言之，當女人掌握了重要的技能，開始權衡人生了，她們就能很快看透：她們不會因為生孩子而得到足夠的補償。用商界術語來說就是「生產減速」，但對於像日本這樣生育率劇烈下降的國家來說，用「減速」仍無法形容，簡直該稱作「全面罷工」。那些國家會痛定思痛，鼓勵生育，設立專門機構，甚至討論一些聞所未聞的策略：把更多社會福利資金用在母親和孩童身上。

那我們這兒呢？延續人類種族繁衍顯然是與美利堅合眾國休戚相關的大事。但是，除非女性能獲得更優渥的社會福利——這不只是說讓爸爸們分擔更多養育子女的工作，還要有更廣泛的社會資源直接被投入這一領域，包括可以隨時協助育兒的高薪酬專業團隊（而非把自己的小孩留在家裡，卻來幫你帶孩子的低酬勞保姆）——否則，生育率必將繼續狂跌。

回首往事，我真心覺得，不生孩子就像是躲過了一劫。我總覺得那種生活方式太綁手綁腳、按部就班，哪怕我也見過有些辣媽一邊帶孩子、一邊維持優雅姿態（通常來講，這些媽媽都有大把的育兒資源可用）。不管怎樣，我要坦白：躲開自然的陷阱，吼一聲「滾蛋」，讓我有種不得體的小快感，哪怕到最後，自然還是會收服我們所有人，無一例外。我也要向這個社會吼一聲「滾蛋」，因為它表面上對兒童柔情呵護，卻不肯分配足夠的資源給他們——當今世界有百分之二十二的兒童處於貧窮線以下，而它也不肯伸出援手，讓他們起碼活得體面一點。

如果「母性本能」即意味著，你想為某事奉獻一生，或是一心一意只為某人而非自己，那也很酷，沒問題。但這個概念從一開始就是子虛烏有的，換言之，在別的語境下——包括在男人的語境中——也能生造出同樣的概念。到目前為止，男性也許還沒有懷胎生子的生理機能（費爾史東的試管嬰兒之夢還要過多久才能成真呢？），但當生養不再和女性有必然且唯一的關聯時，毫無疑問，養育下一代將成為更有社會價值的專門事業。在那種狀況下，大家都會比現在更幸福。

你會說，但那感覺不太「自然」，是不是？反正我已經坦白了，不如再抖出一句不得不說的真心話：每當我聽到有人在談及女性和母性的時候動用「自然」這個詞彙，我就想把他們活生生地大卸八塊。這樣的「自然」反應怎麼樣？我會這麼問你。自然就是那樣——殘暴、痛苦、任性。所以，閉上嘴吧，別再扯什麼自然了。

別的事，成百上千

A Thousand Other Things

凱特・克莉絲森
Kate Christensen

我沒有孩子，也慶幸自己沒有，哪怕曾有一度無比期盼如雲霓之望。

這些年來，我住在緬因州波特蘭市郊沿海一棟十九世紀的磚牆老宅裡，雖有風沙，但小鎮生活無比悠閒，景色宜人。我和男友布蘭登同住，還有一條溫柔的老狗丁格。布蘭登三十二歲，我快五十二歲了。儘管年紀相差不小——也可能正因為這一點，我們過得很幸福、很美滿，就像彼此最要好的朋友，形影不離，還能保持熱烈的火花、互相吸引。

我不曾想過自己會有這樣的生活，特別是十年、十五年前，我壓根想不到現在會是這樣。那時候，我以為我永遠不會離開紐約；習慣了多年的婚姻生活，我早已認定生命中不會再有劇烈的變故。

要說我學到了什麼，那就是：沒什麼是永恆不變的。每一件事都可能出現意料之外的改變，因而，千萬別把事情預設得太滿。我的童年就充滿了變故和失落，青春期也一樣；在我和妹妹們年紀還很小的時候，爸爸就拋棄了我們，我們只能過一種居無定所的日子，每一兩年就和朋友們道別，然後去新學校，搬到新社區，結識新鄰居和新同學。我成年後也一直漂泊不定，這似乎是我生命中的重要命題了。布蘭登和我一樣，也是作家，所以我倆的收入很不固定。有時候沒錢，有時候錢用不完，但大多數時候是在這兩種極端狀態中間。我們無需在經濟上資助某人，只需要養活自己，我們對此深感欣慰。我們照料對方，還有丁格，就此揮霍掉所有精力，除此之外別無他求。

布蘭登從沒想過要孩子，我相信他以後也不會，他太了解自己了。他沒有一絲一毫當父親的渴望，也沒興趣組建家庭。不管別人家的孩子有多可愛，看到他們，只會讓他越發肯定：他不想要那種生活。事到如今，要說為什麼我也不想要孩子，似乎說了也白說，反正我年紀也大了，不太可能生孩子了。但也說不準，所以我們一直很小心。

很多年前，我和前夫新婚兩年，三十多歲，但我覺得四十歲就在眼前。前幾年同居的生活風風雨雨，我們熬過來了，終於感到踏實、穩定了。四年的交往和結婚的頭幾年，我們過的是瘋狂、隨性、頹廢的日子，但隨著我們歲數漸長，覺得是時候安定下來了——至少我有這種感覺。更何況，最好的女性朋友和我妹妹都懷孕了。

突然間，我有了母性的衝動：一種我從未感受過的、令人震驚的動物性的渴望，深切而又原始。就像嗑了某種古怪、後勁十足的新型毒品。我可以感受到寶寶就在我的懷裡；在我的幻想中，那是個女孩。我可以看到自己變成了母親。我也渴望懷孕、生養將帶來天翻地覆的轉變。我甚至去想像我如何餵她吃奶，如何哄她睡覺，夜裡她哭鬧時我如何跳下床。我渴盼一種重大而完整的感悟，將熱切的關注投射在我自己之外的某個人、某件事上。我這輩子始終認為自己會有孩子，現在時候到了：我準備好了。

然而，我前夫完全沒有這種想法，他的身心無法體會我的興奮：我想安定下來，成熟起來，改變我們的生活。這個事實讓我大吃一驚，但沒有打消我想做母親的念頭。坦白說，這件事好像該由我來決定——作為妻子，單方面決定。難道不是這樣嗎？總是由妻子們告知丈夫們，是時候了？歷來如此，不是嗎？丈夫們總是不情不願，最終妥協，而後瘋狂地愛上自己的小孩。晉級為父親後，上刀山下火海都在所不辭，不是嗎？

但我爸爸就是個例外。把一對雙胞胎女兒丟在明尼蘇達州後，他搬到了加州，和我媽媽結了婚，我媽媽比他小很多，他們生了三個女兒，但她們顯然都不是他想要的。據我媽媽猜測，只要我們中間有一個兒子，這個故事——他和我們的關係——很可能會不大一樣，但這種假設說了也白說。作為父親，他很粗心，很冷淡，有時候很暴力，又常常很迷人，迷人得讓人心碎；我們尚年幼時，他就一走了之，同樣消失的還有他該給的贍養費。我們十幾歲時，他曾告訴我妹妹：「你小時候會大喊大叫『爹地、爹地』，我就左右張望，想看看你叫的是誰，然後才反應過來，是在叫我呀。我從頭到尾都覺得那傢伙不是我。」

我嫁給前夫，有一部分原因是我知道他可以、也將會是個好父親，甚至是絕世好爸。第三次約會，我就見過他抱起朋友的小孩，手托著小小的腦袋，有節奏地輕輕搖晃，哪怕始終在和我們交談，也沒落下一拍。他天生就是這塊料。我當時就想，**倒是可以嫁給這個男人呢**。也就是說，我覺得可以和這個男人生孩子。

可是，人算不如天算，我的設想完全落空了。不管我怎麼求他，曉之以理、動之以情，也不管我發火或飆淚，折騰了足足有一年多，他就是死不改口，堅決反對生孩子。他還不打算放棄後青春期，放棄我們當時擁有的快樂，放棄他的自由——可以在工作室裡磨蹭一天，晚上回家吃飯，夜裡和我獨處，想去哪兒旅行就去哪兒旅行，墨西哥、紐澳良、阿姆斯特丹……。

他是音樂人、攝影師，也是個畫家。我是寫小說的。當時，我終於賣出了第一部長篇小說，正在寫第二部。但他千辛萬苦只想做場演出，好把他和樂隊打造的專輯發行上市。我們的事業在不同的階段。我猜想，如果我們的事業發展進程是同步的，他或許會同意生孩子——在我準備好的時候。但和我爸爸的事一樣，這種假設說了也白說。

過了幾年，他終於下定決心，認為自己做好了當父親的準備。可是，那時候我已經四十歲了。在婚姻生活中，我感覺不快樂，不再有很多樂觀的憧憬：一來是因為他先前堅決拒絕和我生孩子，讓我很受傷，那是不可挽回的；二來，我的母性衝動漸漸消退，而我對前夫的渴望也隨之淡化，這讓我左右為難。不過，我還是願意的，而他也做好了準備。我早說了，我想要個孩子——老實說，兩個更好——也仍然相信早年的渴望是真實不虛的。我相信，只要懷裡有寶寶了，只要我做了母親，我就能徹底地擁抱新生活，再也不去想以前的彆扭。

於是，我們進入備孕階段。我戒了酒，開始服用孕前維他命。我的生理期這輩子都沒延遲過，那時卻晚到了幾天，然後是一星期，然後是整整十天。我的乳房變得非常痠痛，難以忍受。我覺得自己有些異樣——腫脹、緘默、壓抑。我預約了婦產科醫生，再去藥局買了驗孕棒。結果是陰性的，但也許現在測試還太早吧。

意識到我可能會懷孕，前夫顯得很鎮定，甚至有點興奮、歡欣鼓舞的。看起來他已在待命狀態，我毫不懷疑他的能力和言出必行的魄力。我知道，他絕不可能拋棄我們的孩子，不管是只有一個還是幾個。我也知道，他會竭盡全力讓孩子們生活在有愛的家庭裡，讓他們安全無虞、衣食無憂，接受良好教育，得到悉心的照料。他將是我孩提時代不曾擁有的好爸爸。我選定他，至少，是為了我的孩子考慮。

不過，這孩子會有怎樣的媽媽呢？

後來我才意識到，當時的我已經出現類似精神崩潰的狀況，並且，這種狀況一直持續到四十多歲，一直到後來我離開前夫，徹底搬出那個家，情況才有所好轉。在那次懷孕——且不管它到底算什麼——之前，我一直在忍受絕望的情緒，近乎失控，有時終日賴在床上，有時卻躁狂，不合時宜地與人調情，酗酒，通宵不睡，痴迷於在線拼字遊戲，也痴迷於生老病死的話題。

諷刺的是，當時的我依然沒有失去打骨子裡想擁有新生活的意念。

我媽媽也是這樣，在四十多歲時經歷了長期的情緒失控。我深知，身為母親只會讓她的狀態更難熬。事實上，因為精神上的失控，她一直無法為青春期的女兒們提供強大的保護力，因為缺乏堅定的意志力，即便她想盡心盡力地關心我們，她也做不到專注一心。她的腦中似乎總有風暴在肆虐，無論她怎麼躲也躲不掉；相比之下，我當時還可以主動轉移注意力。我很擔心，如果有了寶寶，我會不自覺地把這種壓力轉嫁於她。不管在哪個方面，我都可以盡力當好媽媽，但注定會是個憂慮重重的媽媽。

我聽過別的媽媽用狂喜的口吻講述自己懷孕時種種魔法般的體驗，整個人閃閃發光，充滿喜悅和期待。曾幾何時，我也渴望那種圓滿而充實的感覺，完成我的身體生來被賦予的使命——那會帶來何其浪漫而激動的快感啊。我感受到了，那種欲望即將爆發，但內心的矛盾始終不曾減退。而且，我有點害怕，無所適從。我每天都小心翼翼地與恐懼同行，緊張，焦慮，困惑，神經質，卡車經過時就屏住呼吸，不想吸入廢氣，迫切地想喝紅酒，覺得我平日裡旺盛的性欲漸漸枯萎，身體變得充滿警覺，為了她——為了這個憑空出現的小生命，我可以不惜一切代價，哪怕殺人放火，只求她不受侵害。但讓我不安的是，我能不能把她妥善安置於我的體內？好像生理機制已決定了我會有這些感受。我別無選擇。

我整夜睡不著，千方百計不讓自己覺得受困了、被侵入了、被體內的小生命劫持了，長勢驚人的小東西始終是獨立於我而存在的個體，她賦予我當母親的權利，又完全依賴我，成為我的一部分。我的身體一直只屬於我自己，只容我一人居住，它可以隨心所欲，但現在這具身體的用途僅僅是滋養這位陌生人。要攝入什麼、要怎樣對待這具身體，已完全取決於臆想中的另一個人，而不再是我本人。有時候我也會為此興奮。但其他時候，我會驚恐。不過，哪怕有搖擺、有猶疑，我還是全盤接受了這件事，視之為一場永久的改變：我再也不會是只顧自己、自主決定一切的個體。簡而言之，那就是身為人母的意義。

隨後，就在預約去婦產科診所的那天早上，我開始流血，比平常生理期時的血量還大。我的妊娠——假定真的有過受孕——就這樣結束了。我只覺得全身心舒暢，釋懷得簡直要發瘋。當然，我也很悲傷，頓感失落，但那眨眼就過了，基本上可以說我是歡欣雀躍，謝天謝地。為了歡慶解放，我、前夫和幾個朋友出去玩，喝龍舌蘭，抽菸，玩到天亮。

所以，事情擺明了就是，現在是我不想放棄自由自在、獨立自主的生活。我前夫的反應似乎反而更複雜一點：鬆了一口氣，但很難過。我意識到，他也很害怕，但比起我，他更像是有備而來。

儘管年輕時我疏於嚴謹的避孕措施，但我認為那次是我人生中第一次懷孕。事情結束了，我才明白，其實我是被拯救了，不再有失去自我的危機。早幾年想擁有孩子的渴望現已蕩然無存，激情不再，有如餘音幻滅，好像很久以前心碎過，但隱痛漸逝。我全身心投入自己的生活，迎接所有舊日的抑鬱、狂躁、惡行惡狀和萬千執念，就當它們是我久未聯絡的朋友。以前我都不知道自己有多麼珍惜這些。

又過了一兩年，婦產科醫生下了通牒：必須移除我的子宮肌瘤。第一個瘤有香瓜那麼大，第二個有葡萄柚那麼大，第三個有橘子那麼大。幸運的是，這三顆良性的鮮果都在子宮外面，都不會讓我感覺疼痛，也都很容易摘除，但最大的瘤壓迫到膀胱，我平躺下來就能看到它圓滾滾的頂出肚皮。所以我們排定日期，做一個類似剖腹產的手術。

當然，手術前的夜晚是在上網中度過的——我搜尋腹腔鏡外科手術的細節，因為這種手術的恢復期更短，只會留下一個小傷口，而非約十五公分長的那種。所以，第二天一大早我就打電話給醫生，很生氣地質問：為什麼我們不用腹腔鏡？他解釋，因為我的肌瘤都太大了，還告誡我不該在手術前夜掛在網上；他為此還推遲了手術，等我情緒平復了再說。

一個多月之後，我動了手術，被送到聖文森特醫院的婦產科病房，術後恢復需要住院幾天。病房裡有另一位比我大幾歲的病友剛剛摘除了子宮，那是個很大的手術。整個病房裡，只有我和她剛剛動過手術，沒有新生嬰兒，卻失去了自身的一部分肌體。所以，我倆自然會比較親近。她已經有孩子了，但她很理解我對生養之事的感受。

手術後的我變得非常臃腫，因為水腫導致體重足足增加了近十公斤，我覺得自己就像個笨拙、龐然的怪物。太不公平了！我剛從身上拿掉了幾公斤的肉，卻反而增重了，胖得都塞不進以前的衣服。這也很諷刺——我的身體好像在反抗剛剛發生的侵入式剖腹，用一層厚重的水隔絕自身，以求自保。肚子挺出來了，就像懷了九個月的身孕。癒合中的傷口很脆弱，一碰就痛。

出院那天，我套上了一條沒有腰身的寬鬆裙子，那是我讓前夫特意翻出來帶給我的，我的衣櫥裡只有那條裙子是當時的我穿得下的。他幫我穿好，收拾打包。我很虛弱，但還是繞開了護士的辦公區，否則，她們會強令我坐著輪椅離開。我需要靠自己的力量走出病院。我靠在前夫的身上，他提著我的行李袋，幫我推開走廊門。

就在那時，發生了一件事，自此之後我都不會忘記那一幕。當我們穿過旋轉門向電梯間走去時，我前夫向身後望了一眼，看到一位幸福的少婦懷抱初生的嬰兒走過來，被親朋好友簇擁著。她離我們還有一段距離，他無需為她和她的丈夫、母親和朋友們一直頂著門，所以他鬆了手，門關了，他再按下電梯的下行鍵。

一分鐘後，少婦也從電梯間的門口進來了，她的丈夫幫她頂開了門。一行人進來，和我們一起等電梯。

「你該幫我們留門的。」她對我前夫說道。

我震驚了，瞪著她看。她很美，身材嬌小，披肩黑髮又長又卷，穿著輕薄的紗質短裙、涼鞋，好像已完全減去了懷孕期間增加的體重，也可能，她用了什麼法子，將體重神奇地轉移到我身上了。

前夫和我一樣驚訝，但他沒有說什麼。我們沉默不語地擠進電梯，下樓。一樓到了，門敞開。我在大廳裡等他把車開過來時，將沉重的身子靠在盆栽植物上，一邊觀望著這位新媽媽允許所有人用任何方式寵溺她、呵護她。

她的丈夫朝我這邊回望過來。他很年輕，就像我前夫的某個侄子，很親切，猶太人，很貼心。「你還好嗎？」他問我。

我的眼淚都快要湧出來了。我已被悲傷淹沒。沒有孩子，動完剖腹手術後在婦產科住院兩天，卻和聖母般光彩奪目、集萬千寵愛於一身、懷抱襁褓中的漂亮寶寶的新媽媽，一前一後走進同一部電梯，這讓我莫名地深受打擊。我是哭著回家的。前夫也安慰不了我。

又過了幾年，我在二〇〇六年的秋天搬出了我們在布魯克林綠點的家，住進了皇后區亨特角的地下室。那時，我剛剛結束一段短命但毀滅性的婚外情，對象是一個住在我們社區的已婚男人，他也是我前夫大學時代的朋友，恐怕再也找不出比他更糟糕的外遇對象了。情事已了，但我不能和他交談，甚至不能聯絡他，從此和他不再有任何瓜葛。我知道自己做了一件超爛的事，他也一樣，愧疚和後悔讓分手的痛楚、毀滅性的結局更難熬。一夜又一夜，我躺在地下室的公寓裡，無法入眠。我陷入了一種絕望的狂躁之中，絕望是那樣切實而沉重，浸染了周遭萬事萬物，狂躁逼得我無處可逃。今天的我才意識到，自己當時真的是失去理智了。我離開了前夫——我最愛也最信任的人——只因我們的婚姻已讓我無法忍受。雖然他肯帶我回家，把問題解決，我也很想繼續和他保持夫妻關係，但我必須離開。我是被一種自我保護的本能、逃離危險的衝動推出家門的。我也失去了情人，雖然當時我瘋狂地愛著他，認定他就是我的靈魂伴侶，但他膝下兒女承歡，我不能把他從孩子身邊帶走，他也離不開他們。

愧疚和恐懼把我折磨得生不如死，心中充滿了難以釋懷的苦楚，一夜又一夜乾瞪眼，我連哭都哭不出來，只能一連幾小時凝視深夜的黑暗，腦海中只有一個疑問縈繞不去：**我的孩子們到底在哪裡**？

那之前的整個夏天，我感受到一種奇特的報復心，想抵償自己過去對那個未曾出世的寶寶的痛心哀悼。我曾以為，熬過了那種悲慟，以後就不會再心痛了，但隨著我的婚姻在我眼前一點點瓦解，回憶也洶湧而來：我曾那麼狂熱地想要孩子，前夫卻硬生生地拒絕和我生養，這確實為我現在離開他一事埋下了伏筆。這就是為什麼我和他在一起卻感覺孤單的主要原因。夜復一夜，我清醒地躺在亨特角的地下室裡，昔日不得圓滿的渴望變成了躲不開的執念，深切的悲傷像個黑洞，讓我不斷沉墜。**我的孩子們在哪裡**？我分明感覺到他們不在我身邊、迷失在某處，好像他們真的存在於某個我構不著的地方，並且永遠困在另一邊，我們之間彷彿只隔了一層紙，但我永遠過不去。我覺得他們是真實存在的。我明白這無異於3D版的幻覺，是當下的自己意識狂亂、思覺失調的表現，但這種自知之明根本於事無補。我絕望地懷念自己的孩子。

內心深處，多年想當母親想到發瘋的那個我又復活了，那個我有如歌劇最後一幕中咆哮著、悲吟著的悲劇女主角。我好不容易才慢慢地把自己拉出深淵。之後的幾個月裡，我完成了一部小說。那年十二月，實在無法忍受孤獨的我又回去找前夫，我們又一起生活了兩年，每個星期都去心理師那一起做婚姻諮商。我們使出了渾身解數，想鏟除婚姻中的坎坷和阻礙，但到頭來並沒有用，至少對我沒有幫助。對我而言，心理治療反而明確地證實了一點：我真的無法維繫這段婚姻了，而且我真的不想要孩子。

二〇〇八年秋天，我最後一次帶著悲傷離開了那個家，但心意已決，我不再是痛苦萬分、渴望孩子的那個我了。

——

從那以後，我繼續過日子，不再有丈夫和孩子，新的激情、體驗和戀愛對象逐漸占據了我的注意力和精力。沒有多餘的空間留給原本占據我生活的他們，至今仍是如此。說真的，我的生活中根本沒有留給子女的時間和空間。

很久以前我狂熱地想要孩子，這份回憶始終讓我滿懷愛意，也深感寬慰。以後見之明，我可以說那似乎只是生物性的、始於荷爾蒙的一時衝動，只要時機成熟，它就不管不顧地發號施令，如果沒有圓滿的結果，它也就隨時間流逝而消失了。如果我真的和前夫生了幾個孩子，我可能不得不選擇：滯留於差強人意、讓我孤單的婚姻關係裡，還是獨自離開，拆散這個家，和前夫分享孩子的監護權，之後十多年裡都要根據每個人的行程不停地協調孩子和單親相處的時間表？我將無法自由地輕裝出行，而離開紐約、把孩子們和父親拆散也可能非常困難。我也可能困在原地。我可能永遠沒機會認識布蘭登，永遠不可能搬到北方的緬因州懷特山。我很可能錯過許多美妙的事。

在我想來，沒有孩子的生活就好比沙灘上的一個洞，海水很快就會灌進去。只要有空洞，就會有填充。大自然憎恨真空狀態。沒有孩子，成百上千的別的事就湧入了我生活中的空閒地帶，占據我的時間和精力。我在十四年內出版了七本書，手頭在寫兩本新的；還有數不清的散文、採訪、書評、部落格文章和電子郵件。日子變得忙碌、充實，但我能保持冷靜、專注和自制。見縫插針地照料幾個孩子？我實在想像不出來這樣的生活。孩子們的話很多。孩子們渴求父母隨時隨地、全心全意的關注。孩子們代表要花費很多錢。孩子們需要發洩用不完的精力，還要你看著他們。一言難盡。不管你有多愛自己的孩子，他們總是存在的，你就要為他們負起全責，而且要持續十幾年、甚至幾十年。然而，我是個內向的人，布蘭登也是。孩子們會讓我們精疲力竭，哪怕是我們最愛的那幾個小孩。我們擁有的最珍貴的事物，就是相依為命的隱居生活，而為了延續這種無法被任何事物取代的幸福，我們就努力工作。

我們常會設想：假如我們相遇時都很年輕，大概也會有幾個孩子，但前提是我真的想要。我們應該會傾盡全力，不屈不撓地把他們撫養成人。但我們很可能就此變成另一個人，做出不一樣的選擇，擁有不一樣的關係：更疏離，更煩惱，更有責任，更成熟。

但我們沒有。我們擁有的是現在的生活，當下的自我。每天晚上一起上床睡覺，彼此相伴，早上一起醒來，彼此相伴。共同擁有的激情讓我們驚喜，繼而心滿意足；我們有大把的自由時間——可以用來做白日夢；可以在想吃什麼的時候滿門心思做出美食；可以喝著紅酒、看完一整部電影，中間無需擔憂樓上還有誰沒睡著；可以隨時收拾行囊，去任何我們想去的地方；可以一鼓作氣地完成工作，全程不受干擾；可以隨心所欲地安排我們的日日夜夜；可以隨時找到對方，不會覺得自己被疏遠了——所有這些事，我們永遠都不會輕易放棄，不管為了誰。

其實，我的生活裡有很多孩子：除了我妹妹的六個孩子，我還是好友的一雙兒女的教母。不過我的大多數朋友都沒有孩子，我屬於一個「無子女的群體」，很多成員是單身人士，大部分是藝術工作者。對我和朋友們來說，無子女是常態。我們聚在一起，會發現很多共同話題，就算聊到天荒地老也沒人會打斷我們。

我能擁有如今的幸福，我想，純粹是出於幸運。我不是刻意決定、主動選擇不生孩子的，只是水到渠成罷了——我想要的時候，前夫不想要，等他想要了，我們卻要不到了。

自二〇〇六年那個可怕的秋天之後，我再也不想要小孩了。在那些漫漫長夜中，我躺在床上生不如死，那麼渴盼卻那麼孤單無助，現在的我可以相信自己徹底告別那種狀態了。我放手了，讓他們——那些我本可以全心全意摯愛卻永遠見不到的孩子——回到原本所在的虛無之境。從未擁有的人，我無法懷念。

另一個蘿妲
The New Rhoda

保羅・利斯基
Paul Lisicky

1.

我知道那首歌，知道那位歌手有夢幻般飄飛幾個音域的歌喉，但我想不起來歌名是什麼了。我想不起來何時何地聽過這首歌，但現在覺得那首歌就像個徵兆，是要我負責解答的小謎題。歌詞不多——我很少在意歌詞；好的歌曲會如煉金術般將感知融入純粹的聲響——但那種氛圍，那三段重要的變奏並非源自一意孤行的生造，而有一種提煉後的淨化感。我怎麼會想不起來這首歌的歌名呢？如果我繼續呆呆地坐在這裡，不去追想，那就沒有可以追憶的歌了。很快，我甚至會想不起來那首歌是值得懷念的，但如果我變成對美的事物漫不經心的那種人，那又何苦繼續寫作？我知道我或許有點小題大作了。那天是七月四日，在費城。我坐在新公寓樓附近、位於街角且空無一人的咖啡廳裡。

我可以問問咖啡師。我本可以說，嘿，這是哪個樂團的歌？但我不想暴露自己其實聽過這種類型的歌。暴露這一點就等於暴露我自己，就等於承認我總是做出不符合年齡的事，知道一個二十三歲的人才會知道的事。一個老傢伙好奇地四處打探，打探的卻是他不該好奇的事——也許更糟，像是在炫耀。我不想給別人看低我的機會。哪怕冒著錯失這首歌的風險，也不能讓別人知道我不知道，這樣似乎更妥當——確切地說，更安全。這種音樂是年輕人做出來的，給年輕人聽的，而不是給聽史密斯樂團長大、在唱片行裡買黑膠唱片和卡帶的人聽的。我的年紀大概和那個咖啡師的父親差不多——也許比他父親還要老——我的人生已和普通家庭的譜系脫離得太遠，這個事實意外地讓我感覺——像是什麼？新鮮的痛感。這不意味著我想當誰的父親，也不意味著我在哀嘆一種本可以享有、卻與之失之交臂的生活——不是那種典型的人生。我沒有成為誰的父親，這讓我保持年輕，讓我的好奇心保持在清醒狀態。實際上，假設所謂「長大」意味著不再對新事物感興趣，那麼就可能發生「決定不讓自己長大」這種事。我不必約束自己按照某些角色的劇本來行事。可是，不是每個人都想知道這一點。這可能是危險的訊息，哪怕是對一個蓄著鬍鬚、年輕的咖啡師而言，他可能覺得他播放的音樂只屬於他自己。

2.

就在不太遙遠的過去，像我這樣的男性常常在二、三十歲時就死了。我們繼續做著像我們這樣的男人一直在做的事，雖然我們的性事是所謂「安全」的，但性本身就像一個夾帶手榴彈的包裹。這顆砲彈未必當即引爆，但可能在未來五年內在你眼前爆發，或是在你出門赴一場祥和晚宴的時候灼黑你的視網膜。我們要麼終日終夜地擔憂，要麼就對這種擔憂完全麻木。有個朋友的朋友講過一件事：有個男人在決定要不要出門加入週六夜晚的狂歡前，會用一大口葡萄柚汁漱口。要是他覺得嘴裡有輕微的刺痛（也可能是前一天晚上刷牙時劃破了一個小傷口），就會立刻用清水漱口，隨手抓起一本書，乖乖在家度過那個夜晚，就此放棄性交的念頭，因為那並非最佳狀態——對他來說，那幾乎就等於血清轉化症狀[1]。

確切地說，那男人並不瘋癲。要我說，他並不比我們這些男人更瘋狂。與此同時，另一個世界圍繞我們繼續運轉。那個世界裡的人們買了壽險、健康保險、房產、度假地產，準備傳給子孫後代。他們沒有確切地活在當下。他們忙著構建某種未來，但假如要你不斷地用金錢去餵養，那算什麼樣的未來？難道不累嗎，把那麼多錢投入一個你這輩子都碰不到、看不見的世界？

我們這些男人擁有的只是當下，此時此地。這通常意味著：半夜在外遊蕩，在震耳欲聾的音響前跳舞或只是站著。在夜總會裡，用黑色電線把AZT膠囊（愛滋病防護藥）的大尺寸複製品吊在天花板下。它在燥熱的空氣裡閃著光芒，中間垂下藍色絲帶，如同我們共同創造、幻想出來的象徵符號。那天晚上的主題有點玩世不恭的意味（現在我已想不起來叫「什麼」之夜了），因為，假如一種藥能讓這屋子裡的半數人發皮疹、打寒顫、頭暈、噁心、舌頭腫脹，誰會恭敬順從呢？假如你沒有未來，那你還有什麼？你有一種絞刑架下的幽默感，竟能把錫箔紙改造出白金的效果，仿造點石成金。生孩子，為人父母，是我們絕不會去想的事。我們可能是醫生、教授、護理人員或法律顧問，但我們也都是孩子。我們經歷過真切的童年：壓抑的、克制的、期待逃離，因而，我們很清楚，失而復得的童年絕不容荒廢。這也不算逃避。

3.

想像一下。看看你的一滴血、精液或唾液，想像裡面包含了一千個小手榴彈。不僅是你，和你有親密接觸的情人也在爆炸範圍內。你的生活會有怎樣的改變？你可以再次向內隱沒，消失在自己的皮囊裡嗎？當你終於有勇氣去接受測試，發現自己沒有攜帶那些炮彈，你認為自己還會選擇生寶寶嗎？用那些體液作為元素？好好想想。

一個人死了很久之後，不會覺得自己其實沒死。

1　人第一次感染ＨＩＶ病毒時會有的一組症狀的名稱，病毒在白細胞內進行複製，免疫系統對ＨＩＶ抗原做出反應，身體也開始對ＨＩＶ產生抗體，這種免疫反應會產生血清轉化的症狀。在此期間，人體內的病毒量多，很容易將ＨＩＶ傳播給其他人。但標準的ＨＩＶ抗體測試不能在新的感染體上檢測到這種病毒，也就是說，會在本人不知情的情況下傳播病毒。

4.

不久之前，我的女性好友道恩問：在那個時期長大是什麼感覺？當時，我們在人行道旁的露天咖啡座，看著兩個年輕的父親推著嬰兒車走過，就談起生孩子的事。那是一個乾燥的夜晚，但有風。一陣風突然吹走桌上的印花餐巾紙。我衝出去撿，差點就抓到了，但它還是飛過車頂飄遠了。我怎麼能解釋清楚呢，那個年代的感覺就像飄走的紙巾——或許該比作那陣風？我覺得自己的語言無法概括所有內容。我盡全力用自己的方式、自己的隱喻去解釋，不去用司空見慣、早已烙印在我們印象中的那些說法。但我說得越多，就越發專注地凝視道恩的臉——那張可愛的臉上寫著憐憫和不解。她很想領會我的意思，我感覺得到她盡力了，但我痛恨自己笨嘴拙舌，暴露了我倆之間的距離感。

5.

那個年代，並不是所有人都籠罩在同一片陰霾中。比方說，R和J是讀哈佛時的室友，從大學時代就在一起了。他們公開表示只和對方有過身體關係。我不能肯定這代表他們的性生活比別人的更狂野，但不用提心吊膽、不用預防措施、只和一人做愛——這對我來說是無法想像的。他們的未來想必和我的未來截然不同。這話套在N和O身上也一樣：二十二年裡沒有其他伴侶，只有彼此。當他們談起找代理孕母生一個孩子時，我一時間失去了判斷力，好像他們在談論把山羊和母雞融為一體。一九九〇年代的男同志群體還沒走到那一步。聽都沒聽說過有這種事，我和前任M談起他們的計畫時，都忍不住懷疑那算不算一種墮落：為了取悅一些人。而且，那麼多錢——難道他們不能把那麼多錢，捐給窮人或動物保護組織？像我們這樣的男人本該是烏托邦主義者，像我們這樣的男人本該徹底重塑未來，哪怕並沒有一種確切的未來模式可供我們棲居。我和M困惑不解地討論他們的做法，都帶著一種高傲的優越感，還替他們感到些許遺憾，好像不知怎麼搞的，他們竟然錯失昭然若揭的正確答案。在我們看來，他們已不再是同一部落的成員。我們談起他們，就好像談起一對小老太婆。很顯然，性對他們而言還不夠。這一路走來，他們似乎發育不全，因而很害怕前面還有什麼困難在等著他們。他們真該穿上伐木工穿的那種結實的襯衣。他們真該服用蛋白粉，去健身，練就魁偉的體型，讓二頭肌堅挺高聳。他們難道不看看周遭的世界嗎？那時節，人人都忙於投資健美大業，巴不得看起來健康、健康、再健康。

6.

A有沒有意識到，她對於N和O來說是多麼珍稀，多麼寶貴？她已成為雙親關係唯一的投射對象，她是否成功地把他們濃烈的愛轉化為壓力？她有沒有覺得自己必須比幼稚園裡的其他小朋友更優秀、更聰明、更完美？她是否不得不在雙親的朋友們面前再扮一次可愛？也許這能解釋：為什麼每次A的雙親把她帶出門，她都那麼讓人難以忍受，幾乎到了滑稽的地步。她會毫無道理地發脾氣；會用手把義大利麵的醬汁挖出來，抓起來，甩出去。有一次，我們坐在餐廳的另一邊，看著她的雙親把她砸在椅子上的茶杯碎片一一撿起。後來，M和我就把她叫作「另一個蘿妲」，蘿妲就是電影《壞種》（*The Bad Seed*）裡派蒂・麥考馬克（Patty McCormack）扮演的邪惡小女孩。我們編造出她的故事，結果卻酷似寓言，隱喻了愚蠢的父母們都在扮演自己並不想演的角色。在那些故事裡，每個人的戲分都在預料之中——惱怒而尷尬的父母，自以為是又吹毛求疵的親朋好友——除了那個蘿妲，她轟炸墓園，折斷樹枝，打落牙都掉光了的老頭們手中的拐杖。

7.

療法在改進，生活在改變，儘管這個世界看起來依然和過去差不多，但終究是不一樣了。本以為只能活六個月的人卻生龍活虎地活了二十多年。如今甚至有一種藥物能幫助你預防血清轉化。我一直認為自己不是那種在同齡人中陳腐過活的人。我願意相信，自己性格中的所有面向都沒有過氣，時時刻刻都在同步發展：過去的我，未來的我。但在某些重要的方面，我將永遠是那個四面楚歌、成長過程中始終心有餘悸的男孩。

也許原因就在於此——為什麼要（或者該說：不要）一個孩子感覺像是不可思議的奢侈。我對這個問題剛產生興趣，就好像有一扇門敞開，太多東西湧來，令我招架不住，無法思考。還有多少選擇是我不曾想過的，僅僅因為我並不能做出那種選擇？因為我在蒙昧、驚恐的年代進入成年期，所以我早已習慣了什麼，勉強接受了什麼？別人說你不可能擁有什麼，你就不聞不問，這可比你想像的要來得容易。全世界的人都這樣，任何時代的人都這樣，通常，所謂理由都是強加於人的。我剛定睛朝敞開的門後面看，就希望立刻把它關上。感到自己被門後面空蕩蕩的房間打敗實在毫無意義。我寧可繼續搭建自己已在搭建的房屋，哪怕這房子歪七扭八的，屋頂已褪色，房基已開裂。

8.

不曾存在的孩子啊，為什麼我凝思想到這些時會有一點沮喪？我從沒想過你是會讓我懷念的人，直到我開始凝視一把空椅子，因為你本來是有可能坐在那兒的。你會是誰？你會像我一樣，有大耳朵、大鼻子、大腦袋嗎？你會有我這樣的大長腳嗎？你會今天孤獨、但明天就搖身一變，成為社交場上最痴迷派對因而最後一個離去的人嗎？你會喜愛動物嗎？音樂呢？還有海——你會想要靠近大海、身在海水中，還有以距離大海多遠為標準將所到之處分出高下優劣嗎？你會以我無論如何都想不到的方式繼承我的精髓嗎？你會教我怎樣滑雪、怎麼喜歡上足球、怎樣從零開始做出巧克力慕斯蛋糕嗎？

9.

結束了十六年的感情生活後，我離開紐約，搬到了相鄰的麻薩諸塞州。很快我就發現，在新的城市裡，如果你單獨去餐館、單獨看電影，就會被看作怪人。我說的是那種最不易察覺的跡象：侍者什麼都沒說，但露出一種下意識的表情。獨來獨往的男人們格外引人注目，他們的孤獨有如公開表露的六芒星。我忍不住去想：人們決定組建家庭，是不是就因為想避免這種陌生人的無端揣測。假如生兒育女的渴望僅僅出於想在自己周圍製造喧鬧，引開他人的注意力，那我寧可孤獨一人。

10.

在普羅溫斯頓的一個濃霧瀰漫的春夜裡，我和三個異性戀朋友坐在酒吧裡。兩男，一女。我們在慶祝I的四十歲生日，他在這裡，只是因為他不想孤零零地過這個生日——但他不肯說出來。他和前任分手還不到幾個月，所以驅車十四小時，開了近一千五百公里，到他喜歡的地方來度過這個夜晚。我們又說又笑，喝到了第二輪，但整個夜晚依然滿溢著憂鬱的氣氛。孤獨是這個夜晚不言而喻的隱情。時間也是。我抬頭去看掛在窗框上方的幾幅當地漁民的肖像畫；畫家很有天賦，筆觸強勁，賦予畫中人一種一九八〇年代藝術之星般的光輝。

我不知道話題怎麼會轉向男人和女人在變老過程中的差異，但U帶著不容置疑的沮喪之情說：男人事實上比女人擁有更多時光。她並不是在說男人的壽命更長——當然，有的是數據表明事實並非如此，她的意思是：男人的生育期更長，被人需要的年限也更長。

L和I談及，他們會被比自己年輕的女人所吸引，因為，是的，他們依然想成為父親，但已無法指望和他們同齡的女性有那樣的生育力。

他們的回答讓U的目光更陰鬱了，但她沒有反駁。她左邊的嘴角向下抿了。這不是她想聽到的話。也許，她滿心希望我們當中會有人說那種講法純屬無稽之談，男人和女人終究沒有天差地別，那種籠統的歸納比較毫無用處。

這個話題可能引發的討論竟如此有火藥味，所以我們都不再說話了。我們是來歡慶、來歡鬧的。我們都是聰明人，深知一旦深入這個話題就可能毀掉這個夜晚，搞得不歡而散。我們不能在I的生日之夜這麼做。我們繼續點酒，開始第三輪。

我呢？我開玩笑，說我根本不明白他們在說什麼。我講話的方式把每個人都逗笑了，但我好像戴著面具，掩飾了內心深處的困惑。我可以想像那是一種什麼感覺——假如我是直男，走在街上，被某些美麗的女人打動就停下腳步。可是，性吸引力指向生殖？真的嗎？他們是認真的嗎？還是他們只是可能在複述小時候聽到的，他們的父親說過的話？

我從沒像那時那樣，在自認為很了解的男人中間，感覺自己像個外星人。

我們互道晚安。我們走出門，走進商業街的夜霧中。走回公寓的路上，我和一個似乎從十九世紀走出來的男人擦肩而過：他表情嚴峻，眉毛深濃，一把大鬍子。他走過一叢玫瑰花時，我轉身看了看他結實的屁股。想像一下吧：因為他臀部的寬窄、他體內滋生的雲雨之欲就想去認識他！

11.

諸多問題會讓我回想起母親，我的母親。她真的想當母親嗎？嗯，從某個層面說，她不得不當媽，但在我的想像中，她大概更想當我們的朋友。我記得真真切切——除了七山區[2]的豪宅，大概還有伊莎艾倫牌（Ethan Allen）的起居室成套家具之外——她這輩子只想要一個女孩。那是我和弟弟巴比出生後好幾年的事。她時常說起她好想要這個女孩，而巴比至今都記得他回應道，他好想要一隻小鴨子。他越盼著小鴨子，我母親就越盼著黛安．米雪兒——她已經給自己身體裡慢慢萌生的女孩取好了名字。黛安．米雪兒囤積粉色的事物：粉色的嬰兒毯，吊在嬰兒床上方的粉色監控器，一大堆粉色的絨毛玩具。可是，黛安．米雪兒在產房裡正式誕生時竟帶著小雞雞，我母親傷心欲絕，哭了好幾天。那幾天過後，她當然也是很寵愛米凱爾的，但我們總覺得三個兒子不是她真心想要的，我們也永遠沒法給她真心期盼的女兒。「生下你們幾個之前，我的眼睫毛可長呢。」她不止一次這樣說過。這話令人不安，又像是童話，又像是高燒中的夢，語氣中透露著甜蜜的失意。好多年來，我都無法擺脫腦海中的那幅畫面：我們的母親曾經很美，但被我們毀了，體內的酸性物質蠶食了她的長睫毛。

12.

我母親在世時，我清楚地記得她給我們的壓力：要上大學，要在大學裡表現出眾，要賺錢，要當醫生或律師。奇怪的是，她好像從沒在傳宗接代方面向我們施壓。我說的不只是母親，也包括我父親。也許，他們希望徹底地擁有我們。也許，我們一旦為人父母，就不再僅僅是他們的孩子了，他們自己離為人孩子的感覺也將越來越遠。也許，他們還不情願放棄那種獎勵。老實說，如果我們在兒時的臥室裡幸福地生活下去，一直住到四十歲之後，我相信那會讓他們很開心的。我母親似乎很清楚，生下孩子就注定會失去孩子，只要她感到我們想從她身邊逃脫，她也會立刻逃開。每當我在新學年前整裝待發，站在車道上，車裡裝好了行李，她就會淚如雨下。她的反應就好像每次都是「偉大

2 七山（Seven Hills），美國俄亥俄州的一座城市。

的出征」，每一次都會讓她情難自禁。那樣深厚的愛只會帶來災難，我從她的懷中匆忙逃開，為自己讓她這麼難過而感到慚愧。

米凱爾第一次把新生女兒帶回家見她時，她好像終於等到了她日思夜想的黛安．米雪兒——至少也算是另一個黛安．米雪兒吧。我可以肯定，她很高興能把裘登攬進懷裡，米凱爾站在一旁看著，微笑著等待她的溢美之詞，但她很快就把寶寶遞還給他了，遠比他期待的快。那時候，她已不再有完整的意識，失去了一部分語言和一部分記憶。過去的行為方式已不復存在。她已經有夠多的孩子了。而且，大部分時間裡，她還認為自己也是孩子：「我媽媽在哪裡？」她會這樣問。「她去哪兒了？你們見到她了嗎？」餐桌上，我母親坐在裘登慶生派對的禮物邊，眼神在粉色包裝紙的禮物間游移，好像她堅信那是她自己的生日，因而暗自揣摩：該在什麼時候打開禮物？

13.

如果我和某個想為人父母的人進入了親密關係，儘管有疑慮，我也許還是會同意。

我並不是輕輕鬆鬆說出這話的，但也許這和說出「我當然會搬去東京啦」一樣，屬於同一種類型的承諾。眼看著時間分分秒秒消失，我們怎麼還能坦然地討論未來？談起日後的計畫時，我們到底在開誰的玩笑？所以，我只會對「永遠不會存在的孩子」坦言：對我來說，要成為你想要的那種父親已然太遲。我不會像你朋友們的父母那樣。你的朋友們來家裡玩時，我很可能和他們一起玩，他們會像期待見到你一樣期待見到我。我母親就是那樣的，記得嗎？我們會把巧克力醬擠在優格裡。我們會把錄音機拿到後院去，把音量開到最大，吵得隔壁鄰居們不得安生。我們會一一叫出枝條上、草坪上的小鳥：歌雀、朱雀、紅雀、長嘴沼澤鷦鷯。我的穿著可能讓你難堪。（爸！怎麼又是緊身牛仔褲？）不，我不會換別的褲子。你會習慣我的尷尬和笨拙，我的親吻，我拿不穩的鑰匙，我總想陪在你身邊，現在，就現在，現在到永遠。

活在當下，意味著隨後消失

Be Here Now Means Be Gone Later

蘭諾・絲薇佛
Lionel Shriver

來，見見傳說中反對生養的人。我的第七本小說《凱文怎麼了》[1]躋身二〇〇五年暢銷書之列，也在天主教網站上引發了軒然大波，因為故事講述了一種大錯特錯的母性，他們認定這本書對「家庭」持有敵意。與此同時，針對這個故事的主旨，還有各種奇特的曲解（諸如「你恨自己的孩子，這沒關係，如果他們長大後做了壞事，也不是你的錯」）如馬鈴薯枯萎病般傳染了一篇又一篇文章。悲痛的母親們卻寄了親筆信給我，向我傾訴，鉅細靡遺地描摹如我書中的男孩那樣邪氣的年輕人的所作所為。不想生孩子的女人們吵吵鬧鬧地擠進我的讀書會，高舉小說，好像那是證據，能證明她們的選擇是

1 《凱文怎麼了》（*We Need To Talk About Kevin*）是絲薇佛的長篇小說，講述了母親伊娃和凱文之間從出生就開始的鬥爭以及之後的悲劇，後在二〇一一年被改編為同名電影。

正確的。我也因此在妮基・德法格（Nicki Defago）的《沒有孩子，喜歡這樣的人生！》（*Childfree and Loving It!*）中贏得了一個小章節。

《凱文怎麼了》獲得那年的橘子小說獎[2]時，我已像是「母性矛盾」[3]的宣傳海報女郎，但在得獎後，我的身分又經提升，獲得了更高的影響力。就從那時起，有些古怪的事開始顯露端倪。我有時會跳脫這個角色該有的表現。倫敦《星期日泰晤士報》的記者（顯然把我的形象預設為典型的美國婊子：冷淡而又傲慢）問道：難道你不認為出生率下降本質上是「虛無主義」的表現嗎？我想也沒想就回答「當然是」。還有個記者在電話採訪時試探性地問：拒絕為人父母是不是有那麼一點兒……自私？我扯著嗓子對著話筒叫道：「絕對是啊！」

事實是，我感到愧疚了。

五十七歲，膝下無子，在生不生孩子這個問題上我顯然已是高齡，以至於問題本身對我已經變成純粹的哲學問題。但在我有生育能力的那些年裡，確實有大把的時間去生孩子。我有過兩段為時很長的親密關係，其中一段演變成了至今依然健康的婚姻。我的身體健康完全沒有問題。從財務上說，我也養得起孩子。我只是不想生。小孩很不整潔，肯定會把我家搞得亂七八糟。大體而言，小孩都是忘恩負義的。他們會吸走太多我寫出之前那些書的時間。

不管怎麼說，在大談特談「母性矛盾」後，我兜了一圈又回到原點，惱怒地反駁起來：請照我說的去做，而不要照我做的去做。出於個人的頑念，我可能不會遺憾自己沒有生兒育女，但我很早以前就煩透了保持反對生養的姿態，如果能把這部分權責轉交他人之手，我將非常高興。如果有人感興趣，我要順便打個廣告：我有一件T恤低價出讓，正面印了被紅筆劃掉的嬰兒圖案。

---

2 Orange Prize，一九九六年由作家凱特．摩斯（Kate Mosse）創辦的文學獎，頒予用英文寫作的女性作家。自贊助商替換後，二〇一八年改名為女性小說獎（Women's Prize for Fiction）。

3 母性矛盾（maternal ambivalence），也有翻譯為「身為人母的矛盾」，指母親既想與孩子親密接觸，又想擁有精神上與身體上的獨立空間。

關於西方社會高齡化的新聞報導屢見不鮮。老年人越來越多，撫養老年人的年輕人越來越少。不止是健保制度和照護體系不堪重負，就連在職的年輕人也可能很快面臨過高的課稅，而這頂多只能讓滿身褶皺、舉步蹣跚，像我——蘭諾・絲薇佛——這樣的老人們勉強裹得起成人尿布。政客們明智地將年齡結構圖作為論據，證明提高移民數量是合理對策。長期以來，一直避重就輕的美國邊境政策，實際上讓美國的年齡構成在經濟學層面更健全，若沒有年輕的移民及其大家族一波又一波湧入，今天的美國在人口老化這方面恐怕不容樂觀。

但令人好奇的是，很少有人去關注西方社會**為什麼**會高齡化。我們共同衰老，這件事已成老生常談，被說成是一種不可阻擋的自然力量、一個超出我們控制的進程，就像是地殼板塊移動或颶風肆虐。恰恰相反的是，年齡構成是在人類控制範圍內的，這件事實藏得很深，是強烈抵制政府管控之後，由數以百萬計的純粹的個人決定——像我和我大部分的親朋好友這樣的單一個體——總合而成的結果。

我們沒有孩子。

西方社會的生育高潮始於一九七〇年代——也是在那個時期，彷彿驚世先知的保羅·埃利希[4]發表了人口爆炸論，想來也很諷刺，他的預言是：我們很快就要在人均一平方英尺[5]的大地上保持平衡，就像天使們擠在大頭針尖上。不可思議的家庭萎縮狀況源自很多因素：可信賴的避孕措施廣泛普及，廣大女性步入職場，推遲生育並導致更高的不育率，以及——孩子不僅僅吃你的喝你的，還指望你伸出援手，幫他們付掉高額貸款的頭期款。

但我相信，前述這些因素可能都是次要的，更重要的是西方文化的重大轉變，而其深刻程度不亞於我們對人生意義的集體共識。

——

如果你能看透數字背後的意義，數據就永遠不會讓人乏味。所以，請容許我列舉如

4 保羅·埃利希（Paul Ehrlich，1932-），美國生態學家、昆蟲學家，專門研究蝴蝶，一九六八年出版《人口爆炸》（*The Population Bomb*），警告人口過剩的危險。

5 約等於0.09平方公尺。

下。總生育率（Total Fertility Rate，簡稱TFR），指的是平均下來女性一生所生養的孩子總數。涵蓋嬰兒死亡的數量，TFR要達到二點一才能維持現有人口規模的更替。二〇一三年，美國女性的平均TFR是一點九——略低於人口更替的需要。要明顯感受到人口不足將會是很多年後的事。

因此，強納森．拉斯特（Jonathan Last）在二〇一三年出版的頗有爭議性的《誰都沒有期待的時候該期待什麼：美國即將面臨的人口災難》（*What to Expect When No One's Expecting: America's Coming Demographic Disaster*）要麼不符事實，要麼就是方向錯誤。美國人根本不會滅絕。根據聯合國的估算，美國人口在二〇一三年有三億一千六百萬人，在本世紀中葉可能增長到四億四千八百萬人——當然，最強勢的人口增長是由移民帶來的。

要說真有哪個物種瀕臨滅絕，美國倒也有一個族群確實正在縮減：白人。這樣講在政治上很尷尬，但沒錯，這其實就是拉斯特先生警告大家「美國人」生育率太低的緣由——幌子背後，他要拉響的真正警報是：像他和我這樣的人所在族群的生育力太低了。二〇一〇年，美國白人女性的TFR值是一點七九——看上去並不算太低，但至少以一九八〇年後的標準來看是明顯低於更替率的。更替不足當然會導致某些後果，但也不是立竿見影的。到二〇四三年，白人會成為美利堅合眾國裡的小眾族群，而西班牙裔在總人口中的比例將從六分之一上升至三分之一，因為西班牙裔的TFR至今堅挺，保持在二點三五，前幾十年裡甚至接近三點零。思想開明的美國白人是不該在乎這一點的。我並不是在此強調你必須為此介懷。

我的雙親都來自德裔美國人家庭，但歐洲的數據更讓人震驚。在那些曾以家庭觀為重的國家中，西班牙的TFR僅為慘兮兮的一點三，義大利和希臘都是一點四，德國也一樣——將近五分之二受過教育的女性都沒有孩子。整個歐洲的TFR總值只有一點六，預計在二〇五〇年前就將導致人口總數減少，這還是把高比例移民算進去的結果。甚至在二〇〇〇年，已有十七個歐洲國家的死亡總數高於出生總數。要不是有移民，這些國家現在的人口總數就會有明顯縮減。

但在別的地方，很多夫妻仍恪守《聖經》教義，多生多產。全世界最高的TFR值出自尼日：七點六。預計在二〇五〇年，葉門的人口將飆升至一九五〇年該國人口總數的二十四倍，超過俄羅斯的人口總數，哪怕從地理上說，葉門比法國還要小一點。暫且拋開中國，就三點零的TFR值而言，貧窮國家的TFR是富裕的西方國家的將近兩倍高，也就是說，本世紀中葉的地球上多出來的三十億人口都將源自貧窮國家。

西方和其他地區的家庭規模為何如此懸殊？當然，我們有更便捷的避孕方式。但醫學技術只是眾多原因之一。工業革命期間，西方生育率也曾有過類似的低落。這就是所謂的「人口轉變」，通常被歸因為農耕經濟向城市工業化經濟轉變，兒童從經濟資產變成了經濟負擔。但是，上世紀末家庭規模突然發生劇烈縮減不是靠避孕藥完成的，這一點最值得深思。不用子宮帽、宮內避孕器、殺精劑、避孕海綿、避孕貼或到處都有賣的保險套。不管是用禁欲、非法墮胎、殺嬰或週期避孕法，負擔不了（更多）孩子的人們都可以不把孩子生下來。因此，可靠的避孕方法在一九六〇年代前後廣泛傳播、隨處可得，這只能部分解釋那之後的生育率的暴跌。德國和尼日的區別不在於醫療，而在於文化。

我認為，我們現在正在經歷第二次人口轉變，但不能再歸咎於經濟了。在美國和歐洲，受過高等教育的白人菁英群體中確實存在「新生兒匱乏」的危機。

「嬰兒潮」那一代及其後代，已把重點從族群轉移到了個人，從未來轉移到了現在，從美德轉移到了個體滿足——堪稱摧枯拉朽的巨變。我們越來越世俗化，為了滿足個人私欲而臣服於各路神仙。我們關心的是過上好日子，而非最好的人生。我們和前輩的不同在於：我們很少問自己是否在為崇高的社會目標獻身，反倒更可能關心自己是否幸福。我們逃避自我犧牲、擔當責任，視其為傻瓜才有的弱點。我們很少想到血統、文化、國家或民族的延續。我們將自身繼承的遺產視為理所應當。我們覺得自己和歷史無關。我們只在自己的生死期限之間衡量自己生命的價值，不會特意擔憂我們死後發生什麼。當我們老去——哦！太不情願了！——常會回首往昔，但追問的不是我為家族、上帝和祖國貢獻了什麼，而是我怎麼一直沒去古巴，或是，怎麼沒去跑一次馬拉松？為什麼沒去學畫風景畫？我胖嗎？我們不是根據人生是否活得正直、崇高，而是根據生活是否有趣、好玩來評價自己活得是否成功。

如果這樣羅列出來，聽起來貌似是道德極大的退步，但「活在當下」已從一九六〇年代的口號晉級為根深蒂固的思維模式，卻也有其正面效應。活在當下必有其價值，因為無論在什麼年代，我們都只能擁有今天。相應的，我們特別喜歡那些有能力活在「當下」——用鼓手們的行話來說就是「心醉神迷的仙境」——的人物。我們欣賞那種說走就走、想做就做的人，只要時間和金錢允許，他們就讓各式各樣的體驗填滿自己的生活，永不停歇地學習、體驗並享受每天給予的新鮮感；與此相對的是那些沉悶、無聊、煞風景的人，只知道無休無止的盡責盡力，只會對別人羨慕嫉妒恨。女性形象不再只有一種由卑微的服侍者、配偶和撫養者這些角色所構成的範本，這顯然是一種讓我尤為感恩的進步。而且，社會繁榮必將自然而然地引導富裕階層走向終極前沿：自我，而且這個自我的疆界會隨我們的自主決定而變得狹隘或無限寬廣。

然而，「活在當下」帶來的最重大的社會危機就在於生養：生孩子從必選項成為可選項——好比你的車要不要加裝電熱座椅，由你來選。這在過去從來都不是一種選擇，現在我們定奪時並不會考慮到養育這個族群的下一代的重要性，不管我們如何界定「族群」這個概念。問題在於：孩子們能否讓我們幸福。

很多時候，生兒育女會讓人覺得很值得，但養育過程可能很辛苦、很難堪、很無趣，不可避免地誘惑我們去思索自我犧牲和責任感到底有什麼狗屁價值。孩子讓你感覺比以前更幸福的機率，顯然不會高於五成。研究數據一再表明：有孩子的人自稱「幸福」的指數低於沒有孩子的人。難怪那麼多像我這樣的女性會選擇對尿布、托兒所、噁心的塑膠玩具說一聲：「謝謝，不用了。」

為了用存在主義的方式直截了當地說明我如何詮釋歐洲女性的低生育率，請先看看三個實例，看看她們為什麼不要孩子。這些女性（為了保護個人隱私，都以假名稱之）都是我很欣賞的人，我很珍重我們之間的交往，因為我們都住在倫敦，多年以來，我和她們一直不斷探討這個問題及其相關議題。簡而言之，她們都是我的朋友。不過，這些例子絕對有代表性，足以說明問題。

我用這些問題拷問嘉貝拉時，她四十四歲，是個頗有建樹的新聞記者，已出版三部關於非洲的非虛構作品，廣受好評。她開朗又聰明，遊歷甚廣，受過高等教育，身姿迷

人，尤其在英國知識分子當中，她那種言詞辛辣而又坦率的性格特別不同尋常。她的母親是義大利裔。

嘉貝拉從小就對生育持否定態度：「我是那種厭惡發育期的女孩。月經、懷孕——所有這些生理事件都是你無法控制的，讓你措手不及，好像只是為了讓你在公眾場合難堪——像是一種阻礙，帶有羞辱地否定我是一個有思想、有理性的存在。」二十幾歲時，她對生育的敵意越來越深。「我記得和那些大學畢業後沒幾年就生孩子的同齡人見面時，自己是多麼震驚。簡直太荒謬了。我們剛擺脫了看起來沒有盡頭的學習帶來的乏味束縛，有生以來第一次擁有財務上的獨立，終於嘗到了自由的滋味，可她們決定去做的第一件事就是生孩子——自動邁入撫養孩子的囚籠，只能按照無趣的日程度過每一天，完成那些讓人高興不起來的義務。如果我二十多歲就生孩子，就等於給我奮鬥多年、即將真正享受到的一切事情——隨心所欲地花掉自己賺來的錢，想去哪兒旅遊就去哪兒，選擇我的伴侶，如我所願地生活的那種能力——劃上休止符。」

但等到她三十過半了，她卻有過憂慮。朋友們都生兒育女，她覺得自己被冷落了。偶爾看到別人的孩子，她會感受到「這件事會帶來至高的愉悅」、「眼看著一樣東西

（這是她的原話——沒有孩子的人常會把孩子誤稱為物件）慢慢生長，每天都有變化，也是一種從智性角度來說很迷人的過程」。因此，孩子也可能是有趣而好玩的。但她當時的伴侶年紀較大，不想生孩子的部分原因是基於（合情合理的）醫學方面的考量。總之，他們的關係沒有因為嘉貝拉想要孩子而終止，使得我們可以合理推斷，她的渴望並不強烈，或者只是停留在假想中。大多數情況下，「這個問題是被忽略的，避而不談，不了了之，轉移話題，或是在關係出現問題時被拿出來當籌碼用」。沒錯，那段戀情觸礁時，她的伴侶在生養問題上來了個一百八十度的改變，但就算他願意和她組建三口之家也不足以挽回嘉貝拉了。在這個事關浪漫的案例中，快樂戰勝了母性，結束。

那之後，嘉貝拉漸漸接受了自己不會有孩子的事實。「現在的我能應付生完孩子後那幾年睡眠不足、精疲力竭的折騰嗎？我能像朋友們那樣，頭五年裡無法和同齡成年人有趣地交談，只能無奈地和別人交換呆滯的眼神，就像我作為局外人所觀察到的那樣？」不行。

我問她，什麼可以補償沒有孩子的人生？她毫不猶豫地回答：「首先是我的工作。我說的不是野心和賺錢的能力（呵呵），而是說事業是我在這個世界上所能留下的唯一印記。這麼多年過去，我的座右銘變成了伏爾泰筆下的老實人的名言——『我們必須照料自己的花園』。盡你所能地去照料。寫作是我唯一的技能，我把它視為最能顯示我能力的事情。」其次，她說：「我為友情和家庭而活。我有很多老友，都很親密，我認為，這種關係構成了一種可堪比婚姻的形式。」

就她本人而言，沒有遺憾。「如果我有孩子，就不會著書出版，也不會成為傑出的記者。我也肯定去不成非洲。我寧可懷著對孩子的渴望，也不要可憐兮兮地對自己說：『我本可以去競爭的呀。我一直是個競爭者。』」

但嘉貝拉仍然承認，從整個社會發展來看，「如果像我這樣的人不繁衍後代，文明的前景可能不容樂觀。不管是我父親還是我母親的家族都是人才輩出，有學者、歷史學家、外交官——既有思想家，又有行動派。這些年過去，我開始認識到自己絕非異類或特立獨行的人，事實上，我顯然是某種特定遺傳基因的攜帶者。我是我們家族的典型產物，我可以看到有些東西是世世代代一脈相承的。這種基因不再遺傳下去，我會不會覺得很可惜？是的，我確實這樣想。我是有點妄自尊大，足以讓我相信這世界缺了我的基因將會變得糟糕。但實際上我不太在乎，所以也不至於特意為此去做什麼事。沒時間，我的清單上還有別的事要忙呢」。

當我向她強調歐洲人口驟減的深意時，她毫不遲疑地贊同：「未來五十年裡，黑人、西班牙裔和亞洲人將占據西方城市的大部分人口。這會困擾我嗎？好吧，我稍稍有點遺憾：在塑造西方文明史的進程中，以不同方式扮演過重要角色的基因系會斷絕。但我想，來自發展中國家的基因系也有其自身的優勢、能力和諸多特質吧。」那略帶辛酸和政治意味的「我想……吧」，暴露了一種矛盾的憂傷，很多思想開明的西方人只會私底下這樣表達——如果可以這樣說的話。

我跟你們說過，嘉貝拉是開誠布公的，她最後的一番話可謂是我這一代人中很多沒有孩子的女性（也可能是男性）的肺腑之言，但你不太有機會聽到以下這樣的話語：「我是無神論者。我是唯我論者。就我所知，我從理性上得知地球及其居民將在我死後繼續存活，這對我來說沒什麼真正的意義。我自身的消亡會讓我害怕，讓我念念不忘，但我對那之後發生的事沒什麼興趣。我決不認為自己對未來有所虧欠，包括我的基因、我的後代。我覺得自己根本沒有義務去繁衍人類。這世上的人類已經太多了。我很高興把這一重任留給別人。」

愛爾蘭裔的諾娃在接受我訪問時是四十六歲，她為一家工程機構策劃活動，她很喜歡這份工作。她雷厲風行，幽默風趣，在業界中頗有名氣，也投入了同等精力經營自己工作以外的生活，交友甚廣，交往活躍，還定期參加城中的音樂會、電影、演出。她聰敏，愛開玩笑，思維特別活潑。

令人驚訝的是，諾娃和她家五個兄弟姊妹都不肯生孩子。「我們幾個都不受約束，自食其力，都有比孩子更要緊、以事業為中心的目標。」

和嘉貝拉不同，諾娃在整個青少年時期都相信自己會有孩子。不過在愛情方面，她很挑剔，也很任性。雖然她承認「快到三十歲的時候，我經歷過一個非常沮喪的階段，因為我好像不太可能有孩子了」，但「相比於對某個男人妥協，當媽媽對我來說始終沒那麼重要」。諾娃和嘉貝拉都是聰慧、迷人的女人，只要她們願意和「不盡如人意的郎君」湊合一下，肯定早就組建家庭了，但兒女沒那麼重要。個人幸福再一次戰勝了孩子。

諾拉不要孩子的心意很堅定。她承認自己「有一點點」遺憾，但又強調「年紀漸長，我覺得自己越來越需要獨處，需要完全屬於我的時間。也許是因為工作——我要管十名員工，在公司裡採用辦公室的門永遠敞開、員工隨時可以和我談談的原則，這讓我樂於回到家、關上門，好好品味平靜的美妙」。前不久，她和年輕的教子去加拿大度假，經歷了一段讓人警醒的旅程。「是的，他很棒——好玩，聰明，有教養，很有趣——但要帶他進入一個有熊出沒的國家，我覺得責任重大。大概，這可以算是一種生活的隱喻？」

沒有為人母，這只給諾拉帶來了淡淡的遺憾。「我覺得我的生活很美好。我預見得到，自己將繼續找樂子、享受工作、遇見有趣的人、來幾趟很棒的假期、讀很多有意思的書、扶持我的親朋好友。」（請注意：我從來沒有把「好玩」、「有趣」這樣的詞彙灌輸或暗示給訪談者。）當我問及什麼能救贖她的生活，她猶豫了一下。「我認為這是一個太清教徒的問題！我不確定自己的人生有什麼需要救贖或補償的地方。也許我是個徹頭徹尾的享樂主義者。」

但諾拉也會傷心，她說：「我認為我父母的基因都很優秀，很可惜，到目前為止，還沒有遺傳給下一代。」她有很多表親，但由她父母結合所產生的特定基因就此失傳，無疑是一種「悲哀」。我們又談及民族性傳承的問題，她的父母都是愛爾蘭語老師，她也會講「瀕臨危機的母語」。但她說：「以宏觀角度來看，我已察覺每一年都有很多語言在消失。」我們這代人從小到大早已習慣了失去——生態棲地、野生物種、生物多樣性、魚類。為什麼愛爾蘭語就不會消失呢？

在我們的交談即將告終時，諾拉充滿熱情地對我說：「你和我都該生幾個孩子！」——又急忙補充一句：她不是說為了我們的個人福祉去生養，而是就社會意義而言。「我們是有福之人，有頭腦，受過教育，身體健康。」我們越往下談，她坦承：「我覺得自己揮霍了天賦和家族傳承。但我活在這個頹廢的年代，揮霍好像也沒什麼問題。不管怎樣，要不要把我的全部生命奉獻給傳承民族性的大業——這是個重大的問題。」

最後一位是年僅二十六歲的萊斯莉，她比我小整整一個世代，不得不擔當年輕女性的代言人——曾有數量驚人的年輕女性告訴我，她們缺乏成家生子的熱情和動力。我們討論這個議題時，萊斯莉在倫敦一家小型文學出版社擔綱企畫宣傳，全身心投入在工作上。她的工作能力很強（我本人也曾受惠於她的這份天資）。她自信而又活潑的性格為我那些倦怠的老朋友帶來生機，形成了有趣的對比和互補，她對未來充滿樂觀的心態——確切地說，是「她自己」的未來。

萊斯莉不想要孩子。「我想到自己的未來時，會清楚地看到各種抱負和期待都能實現，像是旅行啦、事業更上一層樓啦這些，但看不到生孩子這件事。我想像不出來自己能放棄現有的生活方式，而去為人母。財務上的獨立自主對我而言至關重要，同樣重要的是在任何一段感情中都能保有我的獨立自主。要想好好照顧孩子，肯定要有人付出什麼，但不幸的是，通常都是母親不得不放棄她生活中的某些部分。」

我問她，身為獨生女，她有沒有意識到自己背負著延續家族基因的重任。她回答得很誠實：「這真的不是我以前會考慮的事。」

另一方面，萊斯莉也證明了「活在當下」不一定意味著道德缺失。「我顯然不認為自己把延續人類繁衍視為目標。什麼能讓我的人生對自己而言有價值？什麼能讓人生更有意義？那就是我和別人的關係，各種互動，成為他們的家人、朋友、戀人、同事、陌生人。我認為，有人性的行為能讓每一個個體重獲價值。」

和她那一代的大部分人一樣，萊斯莉根本不關心不列顛的盎格魯—撒克遜血統的延續。「現在難道還有所謂正統的不列顛種族嗎？我覺得，到現在這個地步才開始擔心血統的傳承未免也太遲了吧。」她接受多元文化，樂於看到西方城市將面臨外裔占多數、本族淪為少數的前景。「我大多數朋友都有不同的民族背景，住在倫敦特別幸運，這座城市充滿了各式各樣的文化、宗教和種族。我認為多樣性不會毀滅英國文化，反倒是錦上添花。」

她會不會擔心，將來會覺得沒有孩子是人生憾事呢？萊斯莉只想反問一句：未來的她會不會「不滿足」？「但誰又能保證，我有了孩子就會感覺更滿足呢？」

滿足。快樂。滿意。好玩。嚴格來說，這些顧慮沒有錯，但它們很雷同，都屬於同一個層面。它們都沒有考慮到我們每個人的生活宛如串在同一根細繩上的珠子。我們摯愛的當下只是承前啟後、極不穩定的線索，把家庭、民族、國家和物種的過去和未來連接起來。諸如卡崔娜颶風、福島核災等災難會提醒我們對可飲用水和廁所的依賴是何等強烈，我們的滿足感要歸功於前輩的智慧和創造，即所謂飲水不忘挖井人。然而，當代「無子派」似乎很少想到這一點：我們是欠前人的，適當地償還這筆債或許需要我們把快樂而又幸福的接力棒交到別人手中。

在前述三個實例之後，我還要加上自己的這一例。這篇文章裡不存在以偏概全的定論，不管有多苛刻、多刺耳，都不能套用在我身上。我在意自己當下的生活。我認為我應該如此，不過，坦白說，我不太關心自己死後的世界（多半是因為我沒有孩子）。我出身於絲薇佛家族，與有榮焉，但還不至於以一己之力確保這個家族比我活得更長久。正如諾娃所言，我的基因是一流的。但和朋友們一樣，我沒有把這種基因傳承下去，對此只有一點點含糊、微弱、抽象的小悲傷，而且也不符合「活在當下」的心態。我認為自己工作起來很勤奮，但從重要的社會層面看來卻很懶惰。和嘉貝拉一樣，我的後代只會是永遠二十公分高、用木紙漿做成的書本，如果它們讓我晚上睡不著覺，我可以在清晨把寫得很爛的一章推倒重來，讓它們就此安靜。噢！假如在我的有生之年，在生我養我的祖國——美利堅合眾國——像我這樣的歐洲後裔可能不再是主流人群，我會有點惆悵，但那短暫的沮喪決不至於讓我困擾，比如打不起精神去練足球。坦白說，既然我不想折騰自己複製出另一個還算不錯的我，那麼，那些願意悉心照料發高燒的小寶寶的移民們確實贏得了取代我的權利。

當然，我那種「惆悵」從政治上說是危險的。關於移民的辯論已夠多、夠全面、夠深入了，我們也許可以退一步，把白人也看作是人。我們鼓勵每一種少數群體——牙買加人、穆斯林、猶太人等等——為自己族群的遺產而驕傲，他們理應如此。就算來自中國的移民珍重他們的民族之根，依然會做難吃的木須肉，我們也不會認定他們對地球上的其他民族持有固執的偏見。義大利人不會擁護義大利人的特質嗎？土生土長的英國人不去捍衛他們約克郡布丁嗎？美國白人不推崇他們的蘋果派嗎？從澳洲原住民到羅馬尼亞人，每一類少數群體都應珍重、保護並弘揚各自的文化，但傳承歐洲文化的白人卻不能——這已成為一種所謂政治正確的共識，引發美國、英國和歐洲大陸的右翼人士的強烈抵制，有時甚至是毒害人心的反擊言論。為了在這個問題上推動理性、文明的思考，我們至少應該允許自己對此加以討論。就整體而言，曾長期占有主導地位的人群正在縮減，也許，等到我們在自己國家裡變成少數群體的時候，至少有權感到一點悲哀吧。

與此同時，隨著西方社會無子化傾向越來越普遍，曾經加諸在「不孕不育」之上的汙名也隨之而去。女人擁有了選擇的自由，男人也一樣；不論有沒有孩子，都能過上精采的生活，選擇不要孩子的夫妻也越來越多。我和朋友們都是正直的好人——至少對彼此都很好。我們都很有趣，很好玩。但顯而易見的是：無論從經濟、文化和道德層面來看，我們都是社會的災難。

摒棄生育沒有讓嘉貝拉和我變成我們年輕時自詡的那種「特立獨行的人」，而竟然成了我們這個時代的某種標準範本——這說明肯定有哪裡不對勁了。當代人認同的人生至高真理是：純然在當下，純然為自己，這其實源於一種陰險的厭世情緒——對人類宏觀大業缺乏信念。最陰暗的一面在於，越來越多的無子女夫妻決定把他們所有的金錢用於「活在當下」——參加階梯有氧課程，去坦尚尼亞觀光，擴建家宅，卻不費力去找個人在派對結束、他們也都完蛋後繼承這地方——這其中蘊含著某種瘋狂，有如小說家幻想世界末日時著力描繪的場景：有點歇斯底里、但歡樂地棄逃。

我們不該蔑視老年人，但衰老實在不算是一個美妙的詞。大部分西方人已對未來失去了信心。中東地區的人口出生率依然很高，而許多歐洲人、澳洲人和歐洲裔美國人卻不肯費工夫製造下一代，連勉強維持人口總數持平都做不到。他們不肯犧牲假期，不肯忍受單調乏味的撫養歲月，不能接受休閒時光被孩子削減，就因為孩子不可能總是有趣的、好玩的，因為他們不一定能讓我們快樂、幸福，因為他們有時候會讓你痛苦不堪。當伊斯蘭原教旨主義者指責西方社會頹廢、墮落、放蕩時，你必須想一想：也許他們說的有道理。

最重要的事
The Most Important Thing

西格麗德・努涅斯
Sigrid Nunez

小時候，我一度認為所有孩子都是多餘的。我的母親是德國的戰時新娘，先有後婚產下第一個孩子，也毫不掩飾地表示，連生三胎不在她的計畫之內，對她來說，那不是什麼開心的事。她和我父親在二戰末期相識，他是占領軍的士兵，駐紮在德國南部，也就是她的家鄉。她十八歲就產下了大女兒。兩年不到又懷孕，這才結婚（我的父母從沒解釋過為什麼要延遲婚期）。等到第二個女兒出生了，他們就搬到了紐約，起先住在布魯克林格林堡區的公營住宅，幾年後又搬到史塔登島上的另一個新建公宅，我從兩歲到上大學前一直住在那裡。那樣的青春（經歷戰爭，過早生育，跟一個各方面都不登對的丈夫移民到美國）決定了她始終認為自己很不走運，好像被騙了。不管組建家庭會給她帶來什麼好處（孩子長大之前，有好處也不會顯現出來），讓她念茲在茲的只是家庭的壞處，塑造她的人生的只是那些壞處。

部分原因在於——顯然該說是絕大部分，她就像她自己的母親那樣，不是那種慈母型的女人。對她而言，孩子都很頑劣，不管是誰生的。

講到鄰居時，她會翻著白眼，帶著鄙夷之情說「她又懷上了」。講到她在商場裡偶遇的熟人，她會說「她的肚子都挺到那兒去了」，好像那是某種恥辱。聽我母親這樣講，你永遠不會覺得懷胎生子會意味著什麼好事，更別提有天倫之樂啦。

但她不是孤獨的。每當我想起自己從小到大遇到的人，就不禁覺得那不是在回望五十年前，而竟如一百多年前——在現代信仰尚未萌生的年代裡，人們不會把神聖的童年、兒童權益視為至高無上的事物，也不認為童年值得竭力保護，理應是每個人生命中最無憂無慮、最快樂的純真時代。

我說的是那些比大多數人生活得更艱辛的人：靠低薪工作或福利津貼勉強過活，沒有受過足夠教育，有外國口音，英語很差，一口爛牙，膚色深黑——太清楚自己處在社會底層的那些人。他們不可避免地有挫敗感，也不可避免地將挫敗的情緒發洩在家裡。丈夫虐打妻子，父母暴打孩子，大孩子欺負小孩子。（我們暫且不談寵物。）年幼的孩子無法賺錢養活自己，這並不意味著大人不能打發他們去幹活。我記得，那時的孩子做家務和其他瑣事的時間遠遠多於玩耍的時間。和我們家不一樣，有些家庭會認為家務事比閱讀、做回家作業或任何形式的學習更重要。

在我家所在的社區，我只能記起寥寥無幾的女人會讓人聯想到「慈母」這個詞，哪怕我也記得很多女人的心地是善良的。無論是父親們還是母親們，對待孩子的時候，居主導地位的情緒似乎就是憤怒。在那個社區，那個年代，那就是混亂的一部分：你永遠不知道大人們會在什麼時候勃然大怒。總有人衝著孩子們吼叫、咒罵、摑耳光，甚至更惡劣的事。（「該死的小孩」——我們太常聽到這句話了。哈梅恩的花衣吹笛手要是到了我們那兒，吹著魔笛把所有孩子都帶走，爸媽們大概也不會落淚——就算這樣想也情有可原。）爸媽們經常在公眾場合，尤其是在一群幸災樂禍的大人面前打罵孩子，這種事屢見不鮮。任何遭受如此可怕的公然屈辱的孩子都很難相信：造成這種痛苦的父母也可能是愛那個孩子的。我認識一個女孩，實在受不了那種打罵，就跳出了窗口（幸好那個窗口不高，她沒有摔死）。

我母親習慣性認為，孩子們犯下的所有錯誤幾乎都是帶有惡意的預謀，而非僅僅出於疏忽、弱小或無知，也不只有她一人那樣想。小孩善於擺布別人，全都是小騙子，狡猾老練的騙術大師。父母時常不去理會孩子氣的情感宣洩，覺得那是裝模作樣，或是為了引起注意。就連生病也很可疑：「你明明可以到洗手間再吐啊！」小學裡，很多老師也好像回到了更黑暗的中世紀，把孩子們——尤其是男孩——看作天生下流、齷齪的小大人，要不是依靠無情的羞辱、鐵律般的教養，尤其是在身體上留下印記的體罰（通常是用木條打，但我記得無數更嚴重、更粗暴的體罰方式），他們長大後肯定會變壞。（有充足證據表明，在那種犯罪日益猖獗的社區裡，這種旨在威懾的體罰會適得其反，但大家都忽略了這一點。）

當然，到了某個歲數之後，我就明白了：並不是所有的小孩都是多餘的，就如世界各地的人們一樣，我所知的大部分父母——尤其是母親——會把組建家庭納入最美好的人生夢想。對大多數人來說，問題是在於她們不能阻止更多的孩子出生——又多一張嘴要餵！還有什麼地方讓他睡覺？在無力負擔更多的時候，更多的孩子絕非天賜，而恰恰是她們不想要的。我也開始明白，人何以在深愛自己的孩子的同時又深深地怨恨孩子。我沒有要你把我生出來呀！——孩子為自己辯解時自怨自艾的哭訴聽來多麼熟悉啊。但我認識很多被這樣塑造出來——或者該說，被扭曲——的人，因為被迫認為自己誕生後帶來各種各樣的麻煩而深感愧疚。

但這些都不是我不想要孩子的緣由。確切地說，我理所當然地認為自己會有孩子。為人母，就好比上學讀書，逃不掉的。生兒育女將伴隨婚姻而來——我就沒碰到哪個女孩對未來的幻想中沒有婚姻這一項。沒錯，你總可以指出一、兩個女人，別人都說「她一直沒結婚，是個職業女性」。但這類女性始終不被視為典範，要說當祕書、教師或護理師（當年可供女性選擇的職業不外乎這幾種）會比相夫教子更美妙，你也很難列舉出有哪些美妙之處。（人們總會把結婚後無子嗣卻依然心滿意足的怪女人說得過於自私、乃至不肯生兒育女，畢竟為人母需要極度的自我犧牲，是僅次於當修女的事業。）

再說了，我很喜歡孩子，特別喜歡隔壁鄰居家的小兒子，我簡直被他迷住了。我記得自己認為小大衛是我見過的最美麗的東西。不管什麼時候，不管我手頭在做什麼，只要他出現，我就會停下來盯著他看，一邊驚訝他怎麼那麼像嘉寶嬰兒食品廣告上的完美寶寶，一邊思忖他的吵鬧中蘊含的纖弱讓人何其痛苦。愛。那時我八歲。他母親經不住我懇求，給了我一張他的照片，被我當作無價之寶。在學校裡，我還以他為主題寫作文，事到如今，我一個詞也想不起來了，但我從沒忘記那篇文章引發的迴響——從老師到校長都不吝好評，因為老師把它拿給校長看了；還有我母親和小大衛的母親，因為我母親拿給她看了。大概，那就是我生平第一次領會到：只要你對某樣事物抱有激情，你就能以特定的順序寫下特定的詞彙，傾情表述，打動人心，而後你就可以贏得他人的讚許。

而且，我總是很喜歡小孩的。事實上，我覺得不喜歡孩子的那些人很奇怪，甚至很嚇人。曾有人對我說「我不喜歡小孩」，我真的想不通，一時激動，差點脫口而出：**我也曾是小孩啊**。

我六、七歲時，有一次和母親走在布魯克林一條臭名昭著的小街上，經過一群聚在階梯上、臉色陰沉的男孩。我母親加快了腳步，拖著我往前走，有個男孩剛吃完冰淇淋雪糕，順手就把小木棍朝我扔來。我拽了拽母親的手。「媽咪，那個男生扔我東西！」她悶頭往前衝，冷酷地目視前方，用摑耳光那樣的聲響對我嚷道：「你以為我能怎麼辦？」那時候，某種認知沉入心底，我也將永遠無法擺脫隨之而來的恐懼。

挪威作家卡爾・奧韋・克瑙斯高（Karl Ove Knausgård）在自傳體小說《我的奮鬥》

（*Min Kamp*）第三卷中寫到，他的父親讓他覺得很恐怖——「整個童年的每一天」都是如此——也寫到他如何用死亡的幻想來安慰自己。提及撫養自己的孩子時，克瑙斯高寫道：「我只想達成一個目標：不讓他們害怕自己的父親。」

我記得，到了認真考慮要不要孩子的時候，我也有過同樣的想法：最重要的莫過於確保他們不害怕自己的母親。這個目標，我有自信可以達成。但還有別的事要考慮。孩提時代的我始終沒有安全感。整個童年的每一天，我都生活在畏懼中，畏懼壞事會降臨到我頭上。我至今都有這種感覺。所以，大問題來了：一個自己都活成這樣的人，怎能確保孩子有安全感？

我越想越能斷定：當個好父母是世上最艱難的事。似乎要大量儲備耐心、智慧、慈愛這類素質，實在有點嚇人；我不太確定自己擁有這些，哪怕是可以預防災難發生的最低儲備量。但當我環顧四周，看起來，很多人都這樣。

這倒不是說我認為大多數人注定當不好父母，我只是想強調：堪稱理想父母的人數少到驚人——尤其要考慮到：選擇生孩子的人遠遠多於不想生孩子的人。

我記得，有位女性導師曾問我是否認為自己能當好母親。我誠實地回答她：我不知道。她卻有點兒不高興，好像我坦承自己是個壞人。但那些有自信可以養育兒女、完全沒有這方面困擾的人反倒會讓我很錯愕。我有個朋友——男性，沒有孩子，卻自信十足——曾信誓旦旦地對我說：「你只要給孩子們很多、很多的愛就好了。」大概只有男人才會相信這件事能如此簡單。

一九六〇年代，剛剛成年的我這一代歐美女性都發現，我們和母親之間竟有如此明顯的鴻溝，兩代女性間幾乎沒有共同之處。對我們——幸運的女兒們——來說，因為有可信賴的避孕手段、合法的墮胎手術，還有大眾對女性權益和社會地位的態度轉變，以前的女性做夢都不敢想的事都可能實現了。她終生未嫁，她是職業女性（比如說「我發現你們這些姑娘今晚都沒有伴」），現在講這種話是會被嘲笑的，女性主義者會把他編入犀利的諷刺笑話。

假如說我對自己能否當好母親這件事一直都很猶豫，那與之同時發生的就是：我也很早就相信寫作是我的天命所在。儘管年少輕狂時，天真的我嚴重低估了作家的生活將何其艱難，但我沒有放棄，堅定地走下去，決不允許任何事分散我的注意力。

對寫作事業持有熱烈想望的年輕女性都無法忽視一個既定事實：在文學上最有成就

的女作家們——比如珍・奧斯汀、勃朗特姊妹、喬治・艾略特、維吉尼亞・吳爾芙——都沒有孩子。法國女作家科萊特以自己的母親為題，寫過優美而又尖刻的文章，她生過一個計畫之外並不想要的女兒，一直疏於照料她。多麗絲・萊辛[1]有兩個孩子，但宣稱自己「並非撫養他們的最佳人選」；她從非洲南部搬去倫敦尋求寫作事業的發展時，沒有帶他們一起走。為什麼？「對知識女性來說，把無數時間耗費在陪伴小孩上可以算是最乏味的事了。」

還有一個事實也很難忽略：為人母既是所有人類經驗中最重要的，也是最受廣泛分享的一件事。在西方文化中，母親一直就是女人的同義詞。然而，綜觀權威作家們——無論是男作家還是女作家——的扛鼎之作，你能說出來有哪部是以母職為主題的嗎？

假如你是一個熱愛閱讀和寫作勝於一切的女孩子，難以想像閱讀和寫作不占據成年生活的主要地位，大概不用等到青春期就會發現自己一頭栽進了大衝突中。占據女人生命主要地位的是生兒育女，這難道不是普世常識嗎？

1 多麗絲・萊辛（Doris Lessing，1919-2013），波斯裔英國女作家，二〇〇七年諾貝爾文學獎得主，其小說《金色筆記》（*The Golden Notebook*）名列《時代》雜誌二十世紀百大英文小說。

「後來，我的孩子們出生了，」娜塔麗亞．金茲伯格[2]在題為〈我的天職〉（My Vocation）的隨筆中寫道，「孩子們很小的時候，我實在無法理解，為什麼有的女人有了孩子後還能坐下來安心寫作？我開始輕視自己的天職，又時常無法遏制地渴望這份天職，只覺得自己被流放了。但我盡力看低這件事，還拿它開玩笑。我用很多時間留意外面有沒有太陽，有沒有刮風，琢磨著要不要帶孩子們出去散步。」

肯定有成千上萬有天賦、有抱負的女性被雪維亞．普拉絲[3]的經歷嚇到了，但在有天賦、有抱負，還有悲劇性自毀傾向的普拉絲轉變為赫赫有名的女性主義神話的時候，剛好成年的女孩也許沒那麼多。普拉絲最早在英國以筆名出版了唯一一部長篇小說《瓶中美人》，但只過了一個月，年僅三十歲的她就自殺身亡。整整八年後，這本書的美國版才於一九七一年問世。在高度自傳性的小說、袒露心扉的自白詩、一九七五年出版的家人書信集，以及被她的自殺喚醒的許多人的追憶中，令人迷惑而又恐懼的真相浮出水面。

這是一個對事業和家庭的矛盾需求極度敏感的女人，她對生兒育女始終懷有痛苦的矛盾心態，並用精闢、甚至歇斯底里且病態的文字加以抒寫。雖然，天賦和疾病將普拉絲和其他有志於文學的人才——也就是大部分世人——區分開來，但對很多女人來說，實在不能不從那種注定崩毀的生活中吸取教訓。她想擁有一切，這是毫無爭議的事實。（她在日記中傾訴：「我就是那個想當上帝的女孩。」）她從一開始就有強大的野心，決意「鞭策」自己不斷「前進，向上」。她一直渴望寫出偉大的作品，不僅要成功，還要名垂千古。但我們也不能忽視生活中的其他事件。前程似錦的詩人也必須結婚（不用說，她要嫁的男人必須比她更聰明，更有天賦），還要趁著年輕開始生兒育女。她必須展示出類拔萃的賢妻良母形象，包括煮飯、打掃房間，樣樣都要比別人強。但讓普拉絲不能忍受、想都沒法去想的是：她的智慧和抱負有可能剝奪她的女性氣質。從另一個角度說，她還在讀書的時候就曾擔心：以後養育子女會拖累她的寫作事業——對她來說，在文學上有所成就不僅意味著坐下來寫作，還要寫很多、獲得大獎、出暢銷書。

2 娜塔莉亞·金茲伯格（Natalia Ginzburg，1916-1991），義大利二戰後最重要的作家之一，代表作有自傳體小說《家庭絮語》（*Lessico famigliare*）、《曼佐尼家族》（*La famiglia Manzoni*）等。

3 雪維亞·普拉絲（Sylvia Plath，1932-1963），美國女詩人，以半自傳性質的長篇小說《瓶中美人》（*The Bell Jar*）、詩集《精靈》（*Ariel*）及《巨神像》（*The Colossus*）享譽文學界，並於一九八二年榮獲普立茲獎。

和金茲伯格一樣，普拉絲要騰出頭腦，考慮天晴或刮風是否適合帶孩子們出門散步。但對普拉絲來說，輕視、鄙視或取笑自己的天命之職是無法想像的。她也不可以被「流放」。她不肯像金茲伯格和許多小孩的母親們那樣減少工作時間，而是寧可朝另一個方向全速前進。作家、超級媽媽、家務女神——為什麼一個女人不能「三全其美」呢？全力以赴！直到最好！這是和她同時代的女詩人安妮．薩克斯頓[4]的座右銘，薩克斯頓同樣飽受精神疾病的折磨，最終也以自殺告終，這句話也像是普拉絲的座右銘。

她沒有領會到：當完美的作家是一件事——好到不能再好的事——但當完美的賢妻良母卻是另一件事，因為這會包含太多謊言，超出了一個人所能自控的範疇。

萊辛說過，要不是她放棄了前兩個孩子，沒有把所有的時間花在陪伴他們身上——她相信那種決定是很勇敢的——她終將落入酗酒的下場。肯定不止我一個人想過：如果雪維亞．普拉絲不曾選擇在事業剛起飛的同時組建家庭，她的人生將有多麼不一樣的結局。我有個朋友是大學教授，她牢記普拉絲的教訓，曾這樣提醒她的創意寫作班上的女學生們：「你們這些女孩都想先成家生子再立業，但那是個錯誤。」

所以，再想想維吉尼亞．吳爾芙多少會有點兒寬慰。雖然吳爾芙也有抑鬱症，也發生過幾次精神崩潰，最終在五十九歲自溺於烏茲河，但普拉絲在她短暫得多的人生中從未獲得吳爾芙所能得到的滿足感和成就感。或許有人說吳爾芙有怒氣，而她確實如此；還有人說她又刻薄又暴躁，而有時候她也確實如此——但她不像普拉絲那樣殘酷。吳爾芙的心裡不像普拉絲那樣充滿了怨恨，也不像普拉絲那樣心機深重、報復心強、有偏執狂，好像也沒那麼瘋狂。儘管結局很糟糕，但總體說來，吳爾芙的一生擁有令我們豔羨的美好與尊嚴，既有榮耀的成就，又不乏謙遜，還有令人滿意的日常生活。（穩定的婚姻生活顯然大有裨益，但普拉絲的婚姻破裂了。）

然而，吳爾芙也曾因自己是這樣的女人而苦惱，時常自覺不夠完美而自責。因有精神紊亂的病史，醫生們強烈建議她不要生孩子，對於這個忠告，她和丈夫都不曾有過異議。但隨時光荏苒，終於有一天，她回首往事，想到自己作為作家頗有建樹，但沒有孩子卻意味著她的人生是失敗的。

我相信，對那種失敗感的恐懼，在很大程度上刺激到了很多猶豫要不要生孩子的

---

4 安妮・薩克斯頓（Anne Sexton，1928-1974），美國女詩人，以自白詩聞名。一九六七年以詩集《生或死》（*Live or Die*）獲得普利茲獎。

女性。

對失敗的恐懼，對錯失良機的恐懼，都被莉迪亞．戴維斯[5]在只有一句話的短篇小說〈雙重否定〉（The Double Negative）中一語中的，精闢之極：

在她生命中的某個時刻，她意識到與其說她想要一個孩子，不如說她不想不要孩子，或是不想自己沒有生過孩子。

整個社會對生育的期待是不容忽視的。（「母親節快樂！」——咖啡店的店員習慣這麼跟我打招呼，哪怕我是一個人去的。）抵制者必須做好心理準備，接受廣泛的異議，在某些群體中甚至會被孤立。抵制者會成為人們好奇、憐憫、覺得難堪、蔑視的對象。我不止一次敏銳地感受到這些情緒，全部都有。不過我得承認，那不僅是因為我沒有孩子，和我一直單身也有關係。

結婚但不肯生孩子的人會被視為不正常的異類。但坦承自己從未有過生育渴望的女人會被認為是怪胎。女性從小到大都被教育去相信她們如果沒有生兒育女的經驗，人生就不完整，不算成功。（吳爾芙會不會認為，因為沒有孩子，她丈夫的人生也只能被判定為失敗的？我深表懷疑。）人們無法接受一個女人在這個世界上還有更想要的東西，勝於想要孩子。現在的情形可能有所改善，但即便女人想要的不只是孩子，也沒道理不生孩子。人們所能認同的是：普通女人想要兩者兼得，而且理應如此。

我的一個研究生曾情緒激動地告訴我：「我確實打算以後要幾個孩子，但我顯然希望孩子們不會成為我生命中最重要的事！」

如果她真心這麼想，以後也這麼想，那也許她應該至少考慮一下不要生？——我這樣想，有錯嗎？

我猜得到她會如何回答，情緒也會很激動：「但那樣不好吧。你不能對男人這麼說。」

無論如何，她很快就會發現：別人不太可能理解她的誠實。當蜜雪兒．歐巴馬（我只想以一位有成就的傑出女性為例）宣稱「我首先是一個母親」時，她顯然是在講大多數人

5 莉迪亞．戴維斯（Lydia Davis，1947-），美國小說家，以短篇小說著稱，平時也擔任法語譯者，曾投入《追憶似水年華》與《包法利夫人》等經典法語小說的新譯計畫。

愛聽的話。（如今競選公職的所有女性都逃不過這一關：即便對她來說，成為領袖才是第一要務，她也不能不強調自己很愛孩子，這真是令人難以置信。人們常會聽到歐巴馬總統提到「我是一個父親」，言下之意令人深思。沒有人指望他說出「首先」二字。）

養育孩子是一份專職，一種特長，必須至美至善，盡心去做——葛蕾絲．佩利[6]就曾大加嘲諷社會灌輸給女性的這種欺騙性觀念。在她看來，這種說法散發著自負狂妄的氣息。「對成年人而言，照料小孩不是什麼專職，」她說道，「那就是個笑話。」

珍奈．溫特森[7]認定，假如她是異性戀的話，自己不太可能在文學上有所成就。一九九七年，她接受《巴黎評論》的採訪時說：「我找不到典範：一個致力於她想要做的事，並且過著普通的異性戀生活，還生孩子的女性作家榜樣。這樣的女人在哪裡？」談及年輕時的自己時，她說：「我的內心有一部分本能地知道：為了追求我想要的人生，那無論如何都會很艱難，而我最好是自己過，要麼就和同性過。」

一九九七年後的世界有所改變。不再只有異性戀夫妻才組建核心家庭。然而，我還是會假想，無數女人會在讀到這段話時頻頻點頭：「女人該如何與男人們共同生活、養育後代，同時還可能從事她們想要的工作？並沒有人坦率地點明這個問題。」

時至今日，你或許會說這個問題實際上得到了人們公正的表述，但對公正地解決問題並沒有幫助。

溫特森出生於一九五九年。她在訪談中提到，她這一代的某些女人認為拖延生養——人到中年才當母親——就可以解決這個問題。這多多少少和我那位教授老友所說的「不要先成家生子再立業」的建議有點相似。但這麼做的結果是——溫特森說，她們都累得精疲力竭。

一個世代之後，至少在我認識的人當中（大多數是作家、藝術家和學者），很多男性在很大程度上參與到照顧子女的家庭事務中，而和以前相比，這是非常大的改變。然

---

6 葛蕾絲·佩利（Grace Paley，1922-2007），美國著名短篇小說家、詩人，一九四二年起在紐約新學院師從W·H·奧登（W. H. Auden）學習詩歌寫作，從三十三歲開始轉向短篇小說寫作，代表作有短篇小說集《人的小煩惱》（*The Little Disturbances of Man*）和《最後一刻的巨大變化》（*Enormous Changes at the Last Minute*）等。

7 珍奈·溫特森（Jeanette Winterson，1959-），英國小說家，一九八五年的半自傳小說的作品《柳橙不是唯一的水果》（*Oranges Are Not The Only Fruit*），獲頒英國惠特布雷小說獎（Whitbread Award for Best First Novel），授權BBC拍成改編影集，獲得許多國際大獎。溫特森創作生涯獲獎無數，二〇〇六年獲頒大英帝國勳章（OBE）。

而，一直有人告訴我們（好像我們需要有人告知似的）：在大部分美國家庭中，包括照料孩子在內的家務事始終被認定為女人要擔當的重任（說得好像有牢不可破的理由似的），至今仍是如此，不管她有沒有在外面工作，不管她是不是賺得比她丈夫多，也不管她有沒有或試圖擁有自己的事業。事實上，有許多當了母親的職業女性擔當了百分之百的家務事。作家圈也一樣，我認識當了父親的作家——事業雖不至於飛黃騰達，但至少在往好的方向進步；也認識當了母親的作家——事業困頓不前，或者索性走下坡路，和我認識的其他行業的女人們一樣，在當了母親之後苦苦掙扎，勉強過關。說到掙扎，我還想補充一句：儘管女作家們一直在寫關於育兒經驗的小說，但只有克瑙斯高的《我的奮鬥》吸引了國際文壇的矚目。那本書中鉅細靡遺地描述了換尿布、餵寶寶、應對嬰兒哭鬧等家務事，終於讓這個世界驚醒過來，發現家務事中也蘊含了深刻的剖白，就因為這是從男性視角得到的充分展示，所以不僅值得人們好奇，也足夠引起轟動了。

艾莉絲．孟若[8]比溫特森早三年接受了《巴黎評論》的採訪。她談道：「我認為自己結婚是為了能夠寫作，能安頓下來，讓注意力回到最重要的事情上。現在回想當年，我有時會想，『那個年輕女人的心腸真夠硬的』。」孟若坦承自己沒有在孩子尚小的時候多陪伴他們，她知道孩子們不得不忍受這一點。「我的大女兒快兩歲時，會爬到坐在打字機前的我這兒來。我會用一隻手拍拍她，用另一隻手打字……那不好，因為那等於把她和對我來說最重要的事對立起來了。」

回到「最重要的事情」上。對「我」來說最重要的事。千真萬確，這首先是當一名作家。就在最近，《紐約客》對孟若的訪談中提到一個問題：你認為自己是女性主義作家嗎？孟若（她覺得自己不是）回答：「我真心認為做男人是很辛苦的。你想，在早先默默無聞、常常失敗的那些年，假如要我養家糊口的話，那會怎樣？」

我也有個疑問：假設一個女人處在孟若年輕時的境地，有沒有辦法讓她免於被自己、被這個世界斷定為心腸太硬？

這麼多年來，每當我考慮要不要生個孩子時，總忍不住去想：到底要怎麼辦才能兩全其美？雖然我認識的、頗有建樹的前輩作家裡有少數人可堪典範，但那沒有實際幫助。我看到的是一大批關係失和（他們當中的大部分人選擇了離婚）的父母，他們的孩

8 艾莉絲．孟若（Alice Munro，1931-），加拿大女作家，二〇一三年諾貝爾文學獎得主，被譽為現代短篇小說大師，已出版十四本短篇小說集，以及一部長篇小說，創作生涯獲獎無數。

子好像都有問題。有生育能力的歲月一年又一年過去，我發現自己的寫作生活越來越難和其他生活方式相容並進，這也不會帶來任何幫助。原因之一在於：寫作實在是一場痛苦的折磨。（大衛・拉科夫[9]把寫作描繪成拔牙——而且是從他的陰莖裡拔出來——我可能沒辦法感同身受，但也不免拍案叫絕。我無論如何也寫不出比這更妙的比喻。）原因之二：我想寫長篇小說，需要長時間的、不被打擾的獨處，這一點沒有轉圜餘地。哪怕生活中只是多一個男人，我也覺得多一個人已經太多，同樣的事發生過很多次了——我和另一個人的關係會不可避免地擋在我和工作之間。況且，寫小說是很難賺大錢的職業，所以我要像所有寫作者一樣，不得不做些別的工作，賺點生活費——也就是說，我要犧牲大把的時間去教書。最後一點也幫不到我：我的事業剛好碰上出版業長期不穩定的階段，雖不至於陷入危機，但迫使我和大部分寫作者明白，要把朝不保夕、持續焦慮當作職業病來接受。這些因素集合起來，讓我有理由覺得：組建家庭就好比在流沙上造房子——同樣都不合情理。

誰知道呢。如果我一早就生個孩子，發生在娜塔莉亞・金茲伯格身上的事或許也會落在我頭上。我也可能開始輕視寫作，用享受天倫之樂取代寫作，成為自己最重要的事。這對我來說也並非不可想像。但更容易想到的畫面是，我一隻手打字，另一隻手拍著嬰孩。如果真是那種情形，我會有何感受？我當然清楚自己會有何感受：憤怒、沮喪，因為對孩子、毫無疑問也對孩子的父親心存怨懟而備受煎熬。自我憎惡到極點，讓自己的孩子站在自己的天職的對立面，這會讓我愧疚到痛苦。要說我非常肯定有哪件事足以摧毀我，那就是這種衝突了。

因為，到最後，我會碰上另一個問題，就像我也一直在問自己：我能夠成為自己希望成為的那種母親嗎？給他們很多、很多的愛就好了——噢，這一點我肯定可以做到。但我也相信，寫作拯救了我的生活，如果我不能寫，我就會死。只要這一點屬實，只要寫作對我而言仍然一如往昔那般艱辛至極，我認為我就不可能當個稱職的母親——當個我希望自己的孩子擁有的那種母親。對那種母親而言，孩子意味著最重要的事，給予無條件的愛的對象——這也是我小時候曾絕望地渴望擁有的那種母親，至今仍是。「孩子們會察覺到那種事的。」孟若指明了這一點。

9 大衛·拉科夫（David Rakoff，1964-2012），美國散文作家，曾居日本，經常撰文評論分析日本文化與電影。

幾年前，我母親的狗死了，她一直很愛動物，為此傷心欲絕。「你知道嗎，」她對我坦白，「就算你死了，我也不會這麼傷心的。」聽上去好像太無情，但其實還好。那時候，她和我已疏遠，多年不在一起生活，是她的狗陪她度過了那些歲月，現在牠死了，留下她孤零零一個人。她這話還沒說出口，我已能想像出來：她經歷的無異於喪親之痛，事實上，我也那樣想。

我母親不是不親切或不禮貌。她沒有拋棄或放任自己的孩子不管。但她不能原諒我們這些孩子的存在。（我沒有要你把我生出來呀！）她是人，而我們人類總是堅持認為，假如我們的人生有不公平之處，總得有人為此付出代價。整個社會強迫我母親這樣的女性為她們不想要、也不適合去做的事情付出一生，這就是她們的命運——就算沒有別的因素，光是這點就足以讓我成為女性主義者。她有三個女兒，都不願生孩子。有一個決定收養，但事情並不順遂。

母親。據英國浪漫主義詩人、哲學家山繆．泰勒．柯立芝[10]所言，母親是「最聖潔的生者」。我們的文化傳統喜歡感性地看待母職，多情地歌頌其美好的一面，恰如奧運期間播放的P&G公司廣告語：「謝謝媽媽」。但是，假如為人母真的備受尊崇——甚至和人們從事的其他職業一樣，得到同等的尊敬——世界各地的女性或許會快樂得多，比我們所知的更有滿足感。

現在，我已過了吳爾芙自溺辭世的年紀，我可以回望人生，說一聲感謝上帝，我並不覺得自己沒有生孩子所以活得很失敗。（在其他方面當然也有失敗過，沒錯，但敗在別的原因上，並不是因為沒有生孩子。）放棄當母親是正確的抉擇。但這是我主動選擇的，還是被動接受的，那就另當別論了。

「可是你很愛孩子啊。」很多人對我這樣說。言下之意：我肯定很遺憾自己沒孩子。確實，相比於和很多相熟的成年人交往，我更願意花一下午時間和別人的孩子們玩耍。但我平時也很少會想起自己錯過了生命中最重大的一種體驗。這麼說吧——我始終無法理解，人怎麼會有魚和熊掌兩者兼得的想法。我從小到大都相信，不可思議地努力工作，再加上不可思議的運氣，你或許才能讓人生的一個美夢成真。想要得到一切——那是太危險、太難成全的白日夢。我相信我已經得到了不可思議的運氣。

10 山繆・泰勒・柯立芝（Samuel Taylor Coleridge，1772-1834），英國詩人、評論家，著名詩作有〈忽必烈汗〉（Kubla Khun）、〈古舟子詠〉（The Rime of the Ancient Mariner）等。

最怕莫過當媽

Mommy Fearest

安娜・霍姆斯
Anna Holmes

九歲那年，我一整年都是在驚恐中度過的，一直害怕自己懷孕了。恐懼始於國小二年級學期末，一直持續到十歲——也就是我媽媽心無罣礙地給了我某本書的時候。那本書詳解了人類發育過程，並且明明白白地指出：懷孕不可能在初潮前發生。那時候，我和父母、小妹住在加利福尼亞大學城的最北端，放學後，我會和那兒的鄰居小孩在路面上鋪著深灰色碎石、安靜的死巷裡玩耍，也時常去近兩百公尺外，街尾的排水池裡或池邊玩。池子裡有些很小的魚，附近有烏鴉，還有地鼠；大概還有不少蛇，但我只親眼見過一條——當時我騎著單車，經過那條倒霉的死蛇，看到蛇頭被寬厚的大輪胎壓扁了，應該是那些滿臉疙瘩的大孩子騎機車幹的好事。他們總在池子最遠那邊的小土丘，飆上去又衝下來。

我們所說的「池子」，不過是蓄積雨水的地方，有人曾推斷，假如把池子抽乾，肯定會發現裡面生長著各種各樣的生物：香蒲、蜻蜓、蚊子、蝌蚪，差不多過完那個季節，蝌蚪就會變成小青蛙。我會獨自去那兒玩，有時和朋友瑞秋，有時是和丹尼爾——他比我小兩歲，從我家由施特倫兄弟設計的單層住房往下數第三戶就是他家的複式房屋。當時的丹尼爾比我矮小、滿臉雀斑，家族裡可能有蘇格蘭血統；他和後來成為我丈夫、而後變成前夫的男人同姓，他的直髮以奇怪的角度豎起，活像硬毛刷上的鬃毛。他天生就沒有引人注意的個性——關於他，最引人好奇的一件事莫過於他不小心把他家的寵物貓絞死了：他在貓的脖子上繫了條繩子，沒想到繩子被木柵欄上的一塊木板絆住。然而，他是這個街區裡唯一的男孩，也就是說，我這個年齡的其他女孩不想去做的事，你都可以指望找他一起去，例如騎單車比賽，扮演獨眼龍，揮動塑膠鏟子、想要一路挖到中國，同時讓自己從頭到腳都沾染上加州卡培山谷的泥土。

你也可以指望丹尼爾——至少曾持續幾個月——脫下小褲子，露出小雞雞。我不想說我們玩的扮家家酒是在「扮演醫生」，因為我不想為了瞥一眼別人身上的禁區就假裝對醫學感興趣，也壓根不想假扮病人。我可以坦率地承認我們所做的事，但也很清楚那或許有點兒粗鄙——我拉下內褲，向鄰居家的小男孩展露生殖器官——更糟糕的是，我也要求他這樣做。不過，我不在乎：我就是想好好看看別人的貨色。有些時候，我們會在放學後碰面，擠到我家東牆旁邊的狹長空地上，數到三，一齊脫下褲子，之後的幾分鐘裡就盯著對方的身體看。看到最後，觀察引發討論，討論引發觸摸，觸摸引發出一九八一年夏季的那一天：在抓到四隻小青蛙，並將他們保存在梅森罐後，我脫下褲子，讓丹尼爾也脫，然後就衝向了他。我們面對面站立足有十秒鐘左右，我兩腿彎曲，屁股上翹，以便我更方便用兩條腿把他的小雞雞夾攏在中間（當時我足足比他高出十二公分左右），但他很快緊張起來，扭動身體，縮進了短褲，轉身就往家跑。第二天早上，我發現被我們關在密封梅森罐裡的小青蛙都被悶死了，之後突然產生了一個念頭：前一天的孩童性愛遊戲大概會讓我懷孕。之後一整年，我都惶惶不可終日，每天都處在輕微的慌亂中，想起來就去檢查一下，看看我扁扁的小肚皮有沒有鼓脹，有沒有暴露出人類妊娠的跡象。任何跡象都沒有出現。

後來，我確實懷孕了。那時我十九歲，身在一段熱戀中，有頻繁而狂亂的性事——是的，沒有保護措施，也就是大部分剛剛成年的年輕人都知道不該做但還是不管不顧地做過的那種愛。（後來我還懷過兩次，一次是在二十四歲，還有一次是在二十七歲。）第一次終止妊娠的手術是在加州沙加緬度市中心的一家計畫生育門診完成的，我是很害怕，但心意是堅決的：對於是否要懷孕生子，我自始至終都沒有懷疑過；對於日後是否會為移除著床於子宮內壁的大量細胞組織而感到遺憾，也幾乎沒有顧慮。我不後悔，也不為第二、第三次人工流產感到後悔，儘管多年後會覺得匪夷所思——如果我沒有三次終止妊娠，我三十五歲時就會是三個孩子的媽，他們將分別是十六歲、十歲和八歲！想到這一點我就覺得好笑，而且覺得那非常嚇人——徹頭徹尾地令我恐懼。

那種恐懼，那種徹底的惶恐，其實和我對孩子的感覺幾乎沒有關係，而完全相關相繫於我對自己的感受。具體來說，就是我的強烈渴望：想做更多的事、見更多的人，想在這世上開拓出一塊特殊的空間，能讓我找到純粹的自我，且不管那到底意味著什麼。為人母這件事從沒對我產生特殊的吸引力——我這輩子唯一一次模擬當媽的實際經驗遠在幼年時代，對象是一隻肯納品牌的「尿尿娃娃」，該產品設計的特點在於：你「餵」娃娃一奶瓶水之後，他的尿布就會濕，小屁屁還會爆發出紅疹。實際上，從我還是小女孩起，一直到我三十多歲，我都不曾有過生兒育女的遐想，也從不覺得別人的小孩是多麼有——假設有趣味可言的話。（我四歲時，小妹出世了，據說，我對她的喜愛和熱情遠遠不及我對《芝麻街》這樣的卡通節目和插圖版兒童百科全書的高昂興致。不過，每個小孩對於新出世的弟弟妹妹大概都是如此吧。不管怎麼說，我非常愛她。）

毫無疑問，這也部分歸因於時代的作用力：我成長於一九八〇年代，美國的生育率早在一九七〇年代中期的經濟衰退時期就開始下滑，到了八〇年代則進入了平緩期。這個國家的保守主義傾向在一定程度上反映於流行文化上，通俗節目依然要靠描繪實用而傳統的核心家庭才能更好地賣出廣告時段；在那些節目中，掌管家務事的都是女性——以電視連續劇為例來說，《天才老爹》（*The Cosby Show*）中的主婦克萊兒・胡克斯塔博（Clair Huxtable），《天才家庭》（*Family Ties*）中的主婦伊麗絲・基頓（Elyse Keaton），還有許多類似《凱特和艾莉》（*Kate & Allie*）的電視劇中的女主人公——但她們不再只是母親，大多數還是職業女性。（在前五季中，艾莉一直全職在家打理家務、照料孩子們，第五季之後就和凱特一起創業，承辦餐飲服務。）她們對孩子們盡心盡力，但不會讓人望而卻步：你會意識到，她們在忙碌照料子女的過程中沒有找到屬於自己的成就感，顯然也沒有找到自我意識。事實上，很多一九八〇年代電視連續劇中的孩子都只是母親角色的附屬品，幾乎是無關緊要的：哪怕超強悍的墨菲・布朗[1]決定孤身一人生下孩子，並作為單親母親撫養孩子，她的兒子也幾乎沒有戲分，好似消失在編劇們的視野中。

——

我身邊盡是些有本事成功兼顧事業和家庭的母親，不過，兼顧事業和孩子這件事始終停留在概念中——我理智上可以理解，但似乎在情感上無法接受。所以，當我告訴別人（通常是女性朋友們），在我四十一歲時，我「不知道」自己是不是想要孩子，也不確定自己是否仍然感覺「沒有準備好」，其實，我真正想說的是——我不相信自己可以完成我這輩子想做到的事，同時還能當好幾個孩子的母親，而且我也不想知道。在這種壓力上火上澆油的，是讓人動彈不得的、深深的恐懼——同樣，這恐懼也非關孩子，而是關於我自己關愛他人的潛在本能。我猜想我可以當個很好的媽媽——甚至是超級好的那種——多虧了雙親賜予我的天賦，即給予愛、表達愛的能力，無邊無際的好奇心，推崇想像、教育和個體完整，而非一味追求社會公認的經濟上的成功或事業上的成就。（我對自己的情商過分自豪，但這份特殊的天賦和我雙親並沒有什麼關係，完全拜我二十年來砸在心理治療上的數萬美元所賜。）但問題來了：照目前的情況來看，我懷疑自己將信誓旦旦、熱情洋溢地全身心投入生兒育女，這件事將成為重中之重，乃至我生命中的所有其他事件都將退而成其次。我若為人母，必將駕輕就熟，而這必將會讓我對在其他領域獲得成功的渴望，或者獲得成功的能力，變得黯然失色。簡而言之，我害怕的是自己足以勝任母親的能力。

我的心理師會說，這是一種神奇的想法——她很可能說對了。但我媽媽就是個例子，能夠很好地解釋我為何決定不要孩子，她的故事讓我既驕傲又內疚。她曾是個苗條而又充滿好奇的中西部女孩，逃離了俄亥俄州的封閉小鎮，筆直向東去了紐約市，獲得了第一個碩士學位，之後是第二個學位，其餘時間則參與社會運動，環遊世界。但在十五年後，我媽媽卻發現自己被困在加州沙加緬度市外十六公里的一個毫無特色的郊

1 《風雲女郎》（*Murphy Brown*）是美國一九八〇年代的情景喜劇連續劇。墨菲．布朗即為女主人公。

區，教一群流著鼻涕的十三歲孩子打字技巧，撫育著兩個壞脾氣的女兒，她們只想安安靜靜待在自己房間裡，除了偶爾去梅西百貨買東西——當然，是買GUESS牌的牛仔褲。

這樣的生活是她曾幻想的嗎？對於我剛才寫下的這段話，我媽媽肯定會持有異議。兩個孩子並不是美好的祝福，並不僅僅是她和我深愛的爸爸的愛的結晶，可以讓她藉由養育孩子宣洩自己所有的愛，去體驗、放縱自己對整個世界的好奇和驚嘆（更不用說她的政治觀了）——這樣的想法會讓她有所忌憚。她會否認她在為人母之後失去了部分的自我。雖然她會承認自己偶爾會感到挫敗，甚至意識到養育孩子和自己的抱負之間存在某些不圓滿的關係，她會堅稱自己從來沒有刻意地和孩子們溝通這些。她是對的，她確實沒有。但我和妹妹不需要聽到我們的媽媽親口講述養育孩子——大部分時候是她單獨一人養育——是如何限制了她的人生發展，因為我們每天都能親眼看到。我們很明白，她將自己的人生奉獻給了我們，也因此在某些方面放棄了她自己。（我爸爸呢？好吧，讓我們把話挑明：雖然並非所有女性都會為了照料孩子而忽略自我，但至少也可以說，絕大部分女性都經歷了這種狀況。長久以來，一直是女性負擔了大部分的育兒重任，和男性所承擔的分額不成比例。）

有些人或許會把我對生兒育女的恐慌和焦慮稱為「自私」（我自己則會用「能動性」這個詞），但這些人很可能是男人，要麼就是自滿自詡為專業的父母們；我不確定自己是否真的非常介意他們的觀點，因而不會表示苟同並以同等的懊惱聳聳肩。（那些問過我是否有生子計畫的人，通常會把我沒有孩子的狀況視為我不喜歡孩子的結果，然而我要再次重申，這絕非事實：我的子宮沒有孕育後代完全不是因為我討厭孩子。我喜歡孩子，也喜歡小動物，相比於大部分成年人，我相信自己和孩子、和動物更有共鳴。）但事實上，從歷史上來看，我始終認為是更優秀的性別承擔了不堪重負的生育方式及其代價。

當然，時代在變化，男性也漸漸承擔起越來越多的養育職責，不少男人都把嬰兒背巾綁在自己胸前了。然而，至少在我所處的有良好教養、相對富裕的成長環境裡，對女性的要求和期待與其說消失了，不如說被轉移到其他方面。比方說，至今仍有一系列狡猾而隱匿、但絕非史無前例的要求強加在女性身上，暗示女人要盡力保持外在的健美和性感。（在此要提到MILF這個流行的俗語——向不知內情的讀者解釋一下，這是「Mother I'd Like to Fuck」的首字母縮寫，僅僅是這十五年間才流行起來的一句話，意思是：我想上的那種媽媽。）

我住在布魯克林南部街區，滿街都是低卡路里優格冰淇淋店、瑜伽和皮拉提斯教室，鱗次櫛比的精品服飾店裡盡是僅此一款的孕婦裝、「純有機棉製造」且售價一百美元的嬰兒抱毯——恐怕沒有任何一個地方能比這裡更日常地展現出對女性的過時看法了：女性要表現出完美的女性美。前不久，我在母親節那天約了兩個朋友吃早午餐：披薩配啤酒。赴約的路上，我經過了一家服飾店，店門口擺了一塊立式廣告牌，勸告過路的女人們（並非特指沒有孩子的女性）：假如母親節讓你難過，那就快買一條裙子，好讓你「好孕臨門」。除此之外，童年概念遭到商業化，可怕地透過一整套必備的象徵性商品——嬰兒推車、睡衣組——體現出來；還有因為經濟收入不均等、教育設施不完備，有些父母不得不為孩子提前預約私立小學的名額——於是你就又多了一個理由，足以理解我為何如此厭惡當代美國生育的各種需求。

講到最後，我對於生育的矛盾心態，或許可以歸結為一件事實：我只是不夠信任自己。（或者，我該搬得遠遠的，遠離紐約，到一個小孩可以安全無虞地在泥地上玩耍的地方。在那裡，雜貨店的貨架上令人欣喜地沒有售價四美元、單人份、由生活在美國國境以南的異國在地居民採摘的有機番薯和梨子製成的蔬果醬。）但我相信，還有另一種緣由：一種來自整個社會的排斥——不僅針對堅持不生孩子的女性，也指向那些決定生兒育女，並敢於坦承對自己的選擇深感挫敗和惱怒的女性。二〇一四年春天，僅在成為紐約市市長夫人後的第五個月，雪琳．麥克蕾（Chirlane McCray）就被不少小報炮轟，因為她竟膽敢在接受採訪時大言不慚地說：喜迎第一個孩子奇雅拉之後，她不能徹底、完全地將自己奉獻給孩子。「當時我四十歲，我有自己的生活，」麥克蕾對《紐約》雜誌的記者說道，「但事實上，我不能每天都陪她。我不想那樣做。我找過各種各樣的理由，不讓自己那樣做……我從十四歲就開始工作，工作時的我才是我。我花了很長時間才進入到『我在照料孩子』的狀態，慢慢理解了那意味著什麼。」（在《紐約》雜誌的編輯們的詮釋中，麥克蕾的這番話表明了她是「壞媽媽」；他們還用特大號字體把這番論點刊登在五月十九日出版的雜誌封面上。）

——

我猜想，麥克蕾沒有直說、但已有所暗示的潛臺詞是：女性「進入」到照料「她們自身」的狀態，通常也需要很長時間，而為了迎合孩子的每一種需求，她勢必精疲力竭，必然的反應就是需要獨處；畢竟，她千辛萬苦才贏得了自我實現，顯然希望能從中獲得撫慰。

最近，我步入了四字頭的年齡。我發現，直到現在我才剛開始適應自己的身體，尋求既尊重自己又尊重他人的方法，了解我的情感極限和生理極限，自信但友善地對別人說「不」。（像是：不，我不能接那份工作；不，我不能和你約喝咖啡；不，我沒辦法維持一段讓我在情感上、身體接觸上都感覺飢渴的感情。）雖然我目前是單身狀態（也可能正因為如此），當母親會讓我覺得像是一種退化，同時又像是一種進化，諷刺之處在於：假設我終於在某一天感覺自己能為另一個人付出我的全部，同時還保有我一直以來努力塑造的部分自我，但到那時，我恐怕已過了生育年齡。那就這樣吧。

業餘人士

Amateurs

蜜雪兒・亨涅曼
Michelle Huneven

二十五歲那年，我去找算命師測算未來。她家在一條繁忙的街道上，疊瓦式的牆面漆成了極不常見的萬壽菊橙黃色，飾以亮紅和亮藍的鑲邊，非常醒目。橫幅廣告上寫著「優惠價：五美元」。

算命師是個四十多歲的女人，面色蒼白，目光犀利，頭髮如烏鴉般漆黑，在擠滿家具的昏暗客廳裡施法。檯燈上罩著紅色和紫色的絲巾。大如哈密瓜的乳白色水晶球端立於橡木圓桌的中心，但算命師沒有去擺弄它——顯然，對於貪圖優惠價的顧客，她無須動用這顆神祕莫測的水晶球。她讓我坐在桌邊，靠近她，她便接過我的右手，翻轉手腕，攤平手指，開始看我的掌紋。

「你可能要安於貧窮，」她說，「錢會來，但還早著呢。」

然後，她說，我會與某種疾病做一番抗爭，會病得很重，但未必會危及生命。

而且，我會有一個孩子。

當時以及還有後來的我一直很想知道算命師的宇宙全知能力來自何處？那種預言的能力認為哪個時刻是生命的起點呢？從受孕的那一刻開始，還是從新生兒第一次吸入空氣開始？我當母親的機會已經來過，並已經結束了嗎？

當時，我和前男友分手已有好幾個月了。他是個演員，有廣場恐懼症[1]，一週又一週地住在髒兮兮的廉價旅館裡，但這個人早已從我的腦海中淡去了。所以，當醫生在例行骨盆腔檢查時對我進行子宮觸診，並當場宣布我懷孕時，我簡直呆若木雞。事實上，受孕一事已非常確定。醫生告訴我，我懷孕已將近三個月，也就是說，那是分手期間的某次性交所導致的令人遺憾的結果。醫生還對我說，如果我想終止妊娠但不想引產，就該抓緊之後的幾天。我預約了下週一的門診，決定趁週末好好思考一下。

當時我住在加州巴沙迪納市的一棟時髦公寓裡，很多高中時代的老朋友都住在那棟樓裡。我離開醫生的診所後就回到了那兒。

我最好的朋友說：「別去墮胎——你會毀掉你的因緣業力[2]！」

我是很擔憂自己的業力，但我沒有伴侶（也顯然不能因此和前男友糾纏不清），也沒有錢。我在咖啡店兼職、打零工，與此同時盡力寫作。我們所住的這套可愛公寓的租金低廉，但不允許帶孩子入住。就算公寓方面允許，就算我鴻運高照、有了幸福的新伴侶，我也不覺得自己準備好養育孩子了，或者說，完全不覺得自己勝任此事。孩子，感覺就像假牙般遙不可及，也一樣讓我沒興趣。實際上，孩子們只會讓我不耐煩，並且嫉妒，尤其當父母對他們無微不至、大驚小怪，或者索性放下一切事情、喋喋不休地規勸他們的時候，我的感覺會更糟。從小到大，我沒有得到過那樣的高度關注，對於別人——甚至是嬰孩們——所受到的關注，我只有嫉妒。

於是，那個週一，我毀了自己的業力。

又過了幾星期，我就坐在算命師身邊了，掌心朝上，很想知道自己將來是否還會有孩子，還是說，我已經毀掉了此生唯一的機會，連同我的業力？我不著急得到最終答

1　廣場恐懼症（agoraphobia）的患者會認為外界環境不安全，甚至不容易逃離而產生焦慮症狀。這些讓他們產生焦慮的環境可能包括開放的公共空間、大眾運輸系統、大賣場，甚至只要在自家外都可能發生。

2　業力（karma），印度宗教的普遍觀念，一般指組成有情因果關係、因果報應的元素。

案。如果命中注定我要生兒育女，那也是很久以後的事，遠著呢。

首先要有愛。愛，才是我所熱切渴望的。讓人脫胎換骨的偉大的愛。愛，能填補我胸腔內令人暈眩的深邃黑洞。

我的二十八、九歲到三十歲出頭的歲月，是在耗時耗力、完全占據生活的數段戀愛中度過的。我也因此灌下了大量酒水。我在高中時代就發現了酒精的神奇療效：終於，有一種辦法能讓我在世上擁有自由自在的感覺了。酒精能夠即刻消除我精神上的痛楚。從十八歲開始，我每天都喝酒（但一開始並沒有喝太多）。

在那段時期，我的朋友們相繼結婚。他們有的和同一個小圈子的朋友結婚，有的和朋友的朋友成婚，也有的和工作夥伴或派對上認識的人結婚。沒人試圖去找堪稱世紀之愛的偉大伴侶。也沒人著急生孩子。在這一點上，避孕手段如同大力推手，改變了遊戲規則；我們是屬於嬰兒潮的那代人，都可以推遲生育。我們確實都推遲了。

然而，到了三十多歲時，轉變出現了。到了一九八〇年代末期，寶寶們接踵而來。

有個朋友說，買了房子後，她很想把每個房間都填滿。

還有個朋友的丈夫比她年紀大很多，她太愛他了，不得不為他生幾個孩子。

有兩個朋友受孕困難。經過多年的挫敗和心碎，她們都嘗試了試管授精。一對夫婦生下了寶寶，還有一對最終收養了來自加州貝克斯菲爾德的十五歲女孩。

依然單身但渴望有孩子的朋友們降低了擇偶標準。有一人接納了鎮上的醉漢，花了很長時間讓他戒酒成功，以便讓那個男人迎娶自己，並成功讓自己懷孕。

還有一個朋友，在四十一歲那年成功色誘了在超市負責為客人打包商品的二十歲男店員，生下了一個漂亮的男孩，並以單親媽媽的身分獨自養育孩子。

我在等待，想等到自己體會到朋友們的那種感受，或者至少能感受到某些些微的跡象。

我參加了很多次產前派對，討厭那些規矩甚多的午宴、超級尷尬的低俗遊戲（在香蕉上套上保險套，用膝蓋夾住十分錢硬幣），尤其討厭沒完沒了而又無聊的拆禮物和傳閱禮物的儀式，禮盒裡盡是小小的連身睡衣、手織毛毯、嬰兒食物處理機。

我也會很盡職地去醫院迎接新生人類。我親吻過他們熱呼呼、皺巴巴的小臉蛋，還把裹在法蘭絨和厚絨布襁褓中的他們抱在懷裡。抱著他們，讓我覺得特別放鬆，很想美美地睡一覺。但這並沒有讓我想自己生一個。

「你應該生個孩子。」有個朋友剛生完一天就向我彙報，「哪怕只為了感受如潮湧般的愛的巨浪穿透你的身心。」

我不想感受那種對他人的愛。我依然渴望被愛，成為被愛的巨浪衝擊的對象。當然，我知道這種話最好不要說出來。如此自私、幼稚的渴望太過羞恥，所以我守口如瓶，把它當作自己的祕密。但我很清楚，只要我依然嫉妒孩子得到的愛與關注，我就永遠不會是好母親，而明智的做法就是不要讓自己當上母親。

與此同時，這些小小的新人類改變了我和朋友的關係。不管成年人在談論什麼，寶寶們做什麼——咯咯笑，放屁，發出尖叫——都能搶走風頭。交談一度是我們最熱衷的消遣，現在我們卻只能東一句西一句，聽來就像在成年人和寶寶們就玩具和糖果的拉鋸戰中勉強插入的隻字片語。有個朋友住在約六十五公里外，邀請我去吃晚餐，因為她丈夫出城去了，我們可以暢聊一整晚！上甜點前，她去把三歲的寶寶送上床，然後就再也沒回到餐桌邊。我每隔一會兒就大聲叫她。結果，我獨自坐在餐桌邊足有一個多小時，很有禮貌地克制自己，別把法式烤布蕾都吃光了。

然後，我就開約六十五公里的車回自己家了。

隨著他們的第二個孩子出生，很多朋友徹底消失了，全心全意投入家庭生活。他們被帶入了新的社交模式，也就是我一點都不羨慕也不希望參與的那些活動：孩子們的生日派對、和其他年輕的家庭結伴露營旅行，成年人之間的稀少談話支離破碎。即便我為這些長年來的友誼的凋零感到悲涼，我也從未想過加入母親的行列。

對於組建家庭或讓自己成為某個家庭的一部分，我都沒有興趣。

在我最久遠的記憶中，我出生在一個令我極度困惑甚而驚恐的家庭中。事實上，我有生以來第一次出現縝密、明確的想法，是在我大概兩歲半或三歲的時候，當時的我站在前院的苦藍盤樹籬前，想著和我父母有關的問題：**這些人是誰？他們為什麼那樣做？我怎麼會和他們生活在一起呢？**

那時候的我還不知道「神經質」這個詞。但是，哪怕是那麼年幼的時候，我也有一種感覺：我的父母反應過度，在雞毛蒜皮的小事上太認真，他們的反應常常是喜怒不定、狂亂，脾氣大得和手邊的瑣事完全不成比例。

我母親有糖尿病，胰腺不定時地釋放胰島素，導致她的情緒起伏很大。她在奧柏林音樂學院受過專業鋼琴教育，本該在音樂會上演奏，在家當全職媽媽的單調生活讓她厭倦至極。我六歲時，她為了獲得教學資格證書而回校進修；我七歲時，她就重返工作崗位了。之後，她是沒那麼無聊了，但還是遠遠談不上情緒穩定。焦慮已徹底融入了她的血液。她的聲音因自我憐憫而顫抖，時常徘徊在暴怒和啜泣之間；孩子的一句提問、一本沒放好的書，就能把她從這個極端抛到另一個極端，根本無需什麼大事件。她很容易覺得自己被輕視了。有一次，我大膽對她說：「我們可不可以去一次百貨公司？但你不能發脾氣，惹得把經理叫出來，哪怕一次都好。」她就有了怨怒——一度，她足足有兩星期沒和我十歲的姊姊講上半句話。

我們的餐桌就是她的舞臺；她會把學校教職員休息室裡發生的事，說成長篇連載傳奇；她會詳細描述倒霉的同事們如何勾心鬥角、互相嫉妒，以及他們教課教得多糟，衣服穿得多醜，婚姻戀愛又有多悲慘。沒人能符合她的標準。這些夜間連載故事充當了我們家的談話內容。我常想，我當上作家就是因為此生前十五年裡始終沒能插上嘴。

對她而言，我們姊妹就是源源不斷的失望的源頭。我姊姊太胖。我的頭髮細如蛛網。她的不滿意就像一種氣味，在我們家裡縈繞不散。不知為何，我們絕不可能成為她想像中那種打扮完美，只是外表好看但沒有想法的女孩。而且，我們有自己喜歡和不喜歡的事物，有自由的意志，我們還有想要的東西：電視廣告裡的玩具和早餐麥片、時髦的衣裙，以及得到允許去朋友家玩。我們的渴望，甚至只是我們的存在本身，就讓她覺得麻煩又氣惱。

我們個性中的任何古怪之處、我們的偏好或反感都讓她無法容忍（更不用說從中找到有趣之處了）。

有一次，我來月經時，跟她說起我經痛得要死，但她卻不相信我。她從沒有過經痛。

我父親和我們很疏離，不受家事牽累，因為隔得夠遠而顯得夠溫和，只有當牛奶灑了一地或我們開口要錢，或是——最好別是——發現地板上有錢幣時，他才會大發雷霆，破口大罵。他會大吼大叫，說我們個個都不愛惜錢，說我們不在乎他為了養活我們幾個而賣力工作，說我們有多花錢。他會隔三岔五細數他在我們身上花了多少錢，這些年來總共耗了多少錢，還說我們根本無法想像那一大筆錢讓人汗毛倒豎的總額，就算我們現在開始償還，也永遠不能還清那筆巨款。

同樣身為小學教師，我的父母對工作都是盡職盡力。尤其是我母親，對她的學生們關懷備至，至少對那些優秀的學生抱有極大的熱忱。每年秋季，新學期開始前，她都會預先審閱新班級學員的情況報告，並高聲報出她班裡的高智商分數。一五二！一四八！一六〇！她最喜歡挑戰聰明過人、但反應遲鈍或表現不佳的學生。「我必須想辦法搞定阿諾德！……我還沒有爭取到阿諾德的心……我覺得我今天終於搞定阿諾德了！」

我和姊姊的智商也不低。但我母親從未試圖「爭取」我們。事實上，父親也好，母親也好，都沒有關心過我們的學業。（但不管哪門學科得了B，我們都會受罰——不能出去玩。）

他們也沒有興趣關心我們放學後是怎麼過的，最多不過是提醒我們不要和鄰居家的小孩交朋友，因為他們都是沒什麼文化的「下層階級」。我不顧母親的反對，只要有機會，就跟社區裡的一幫孩子一起玩耍。朋友們成了我的慰藉、我的避難所，但我只能去別人家的草坪上和他們碰頭。如果他們到我家來，通常都會意興闌珊地打道回府。我父母不間斷的爭執會讓他們很難堪，我母親總會走來走去、舉止唐突，盡問些尖銳的問題（「瑪麗，告訴我，你媽媽會允許你把房間搞得這麼亂嗎？」），沒有一個朋友能夠忍受我們家裡的緊張氣氛。精神的痛楚如鐘鳴綿延不斷。

家，是一個讓我永遠感到孤單的地方。

我姊姊比我大兩歲，很早就習慣了退守到她房間裡去練小提琴，做功課，強迫自己偷偷地吃東西。（她曾說，她在六歲時發現食物能帶來舒心的慰藉，算得上她這輩子的重大時刻。）

孤單的我就看書。我把玩具、我的檯燈、我的迷你縫紉機、我母親的辛格牌縫紉機都拆開，再組裝回去。有天晚上，我在我家車道盡頭，就著街燈的光線忙著新計畫。在我大概八歲的時候，我嘗試用幾塊零碎的諾加海德革樹脂皮革、紙板、訂書機和剪刀做出鞋子。有個鄰居下班後正在散步，看著我又量又剪的，就站在那兒觀望了我很久。這件事我會記得這麼清楚，純粹因為那是我人生中第一次獲得那麼持久且專注的、來自成年人的注意。

後來，我姊姊會把我們父母的策略形容為「絕對的忽視」。

他們不知道怎麼陪我們玩，怎麼親近我們，也不知道怎麼與我們友善地交談而不帶批評。但他們希望我們接受良好的教育，也讓我們廣泛接觸各種學科。我們上過音樂課、游泳課，我姊姊還學了騎馬。我們都要上大學，這是毋庸置疑的事。我們也「像一家人」那樣做過很多事：週末去博物館，聽音樂會，看優秀的電影和表演；我們去露營，也曾在暑假來一趟自助旅行（去過阿拉斯加、瓜地馬拉，橫越加拿大）。到最後，我父親在內華達山脈裡建了座木屋用來週末度假。表面看來，我們一家人像是熱衷於探險，很愛玩。但我們在那些帳篷、自駕車、露營地和木屋裡是否比別人更歡樂、更幸福呢？並沒有，歡樂的畫面少之又少。旅行時我們吃、住都在一起，母親和她的情緒依然占主導地位，我們姊妹倆退守到各自的孤獨中。

我的父母明知他們差別對待學生和我們，但對此毫無顧慮。數不清有多少次了，父親或母親會這樣說：「父母都是業餘的，但老師是專業的。」

沒錯，他們從未刻意遏制無常的喜怒波動，情緒化的幼稚行為在家庭關係隱祕而親密的深處肆意爆發。

我母親曾多次宣稱，如果我父親敢動她一根汗毛，她就會當場離開他。然而，他倆都會肆無忌憚地打我們——狠狠地摑耳光，震得我牙齒都疼；他們會用尺、梳子、蒼蠅拍、羽毛球拍，手邊有什麼就用什麼打。有人送了我和姊姊一顆愛斯基摩溜溜球，我拒絕感謝他，因為我知道自己很快就會嘗到那種又扁又寬的溜溜球甩在身上的滋味。（我確實被溜溜球抽打過。）整個高中時期，我可以根據母親下班後進家門的狀態——甩上門、扔下包包、嘆氣的音高音低——判斷出她的情緒有多壞，以及接下來的幾分鐘內我會挨打還是挨罵。她會走進我的房間，任何事都能讓她有理由指責我——沒把衣服掛好，或是忘了把洗衣籃的蓋子蓋好。我會反駁或試圖解釋，但那就是所謂的「頂嘴」，而我會因此得到一巴掌或更糟的回應。

我的父母在體罰方面自有一套理論，把「揍一頓」和「教訓」分得一清二楚。他們對此大言不慚，甚至還有幾分驕傲。下層階級的父母打孩子會留下傷痕。中產階級的父母打得有節制，是為了刺激和羞辱孩子，如我父親常說的，是一種「淨化宣洩」，但下手不會太狠，因而不會留下瘀青。久退不散的紅印不算傷痕。我的上臂偶爾會留下又青又紫的斑紋，那是母親用手指掐出來的，但那也不算傷痕。

在我家，身體虐待是摑耳光、拍腦袋、掐胳膊，還有很多人家的體罰遠遠超出這個程度，但如今，那些家庭出身的孩子們長大成人後依然會想要孩子，決意要更正他們的父母犯下的過錯，甚至自覺地去改善世代間相處上的暴力模式。我有一些朋友就來自這樣的家庭：長期處於成癮、被虐待、貧窮的狀態，但他們變成了富有愛心、負責任、沒有任何癮症的父母，給予他們的孩子安全又安定的家園。

那麼，為什麼我和我姊姊始終不想「把事情做好」、生活在我們親手創建的小家庭中呢？我姊姊一直都很清楚自己不想要孩子，哪怕她是小提琴老師，每天的工作以孩子為中心，並以此為樂。我從未表現出如此叛逆或堅決的立場。日復一日，對孩子的渴望從未切實成形、浮出水面，也沒有強烈到會讓我對醉漢或超市的男店員產生渴望。

是什麼阻止了那種渴望成為現實呢？

有個朋友是跟著酗酒的父親長大的。她說，儘管她父親嗜酒成癮，拖累了她們一家，但她們家的大人都很想要孩子，把孩子當成寶。這個朋友已有兩個摯愛的孩子，如今都已成年。

顯而易見，我母親是曾想要孩子的；身為虛弱的糖尿病患者，她甚至明知懷孕生子可能危及自己的生命，卻依然執意要生。但到了某個階段——一旦我們開始具備了自由意志——她完全不知道該拿我們怎麼辦。只要她看到或抱著嬰孩時就會說：「難道你不想讓他們永遠停止在這個階段嗎？」這話我肯定聽她說過上百次了。

我十歲那年，我和姊姊到母親的房間去，看到她癱在床上，不肯喝我父親催她喝掉的加糖柳橙汁。她那時的血糖值很低——注射胰島素後，一陣不可預見、突如其來的血糖波動令她的血糖值急劇下降。「這些該死的小孩是誰？」她朝我父親大喊，像喝醉了一樣口齒不清，「趕緊讓她們走開。我不想要孩子，一個都不要。把她們趕走。」

聽到這些話，我沒有驚訝或甚而深感受傷，反而有了一種釋懷感。終於。終於，我長久以來懷疑的事終於被她說出口了。她一度以為自己想要孩子，但一旦生了，她又真心不想要了。我們不能帶給她幸福。

看起來，孩子也肯定不會帶給我幸福。

在我的原生家庭生活的經歷，深深地灌輸給我這樣一種感受：在緊閉的家門背後，各種尊重都消失無蹤，不滿、憤怒和其他情緒肆意妄為，家庭內部的戰爭暴虐盛行，戰後餘波在公開的暴力、緊張的安靜中間來回震盪。

即便我已知道不是所有家庭都是這樣的，我也還是無法信任自己，無法肯定自己絕對不會把我熟悉的那種家庭複製一遍。

等到自己生理上絕無可能再生兒育女了，我才結婚。我相信這絕對不是巧合。

十六歲生日的一個月後，我離家去讀大學，從此再也沒有回家住過。我決心成為一名作家，這件事變成了我生活的重心，我人生的激情所在，儘管要在很多年後我才能安定下來，開啟有規律的日常寫作。我的大學時代劣跡斑斑，很不安分，很難讓人滿意，轉過三個不同的學院。但我對寫作的專注始終恆一；我讀了研究所，拿到了藝術碩士學位，將二十幾歲最後的時光都用於撰寫文章，以期發表。

三十多歲時，我開始作為自由撰稿人寫稿謀生，同時傾力書寫自己的第一部長篇小說。一次又一次地，我為一些遙不可及、通常是根本得不到的男人們鍾情傷神，總是想讓他們愛我，但總是挫敗。愛情最能讓我心煩意亂。我喝酒喝得越來越多，直至過量，到了三十五歲，我有過一瞬間的清醒，意識到：如果我每晚都喝醉，既不能提高我的寫作水準，也不能幫到我自己。

那一年，我開始看心理治療，戒酒，開始持續穩定地工作——三管齊下，我終於穩步走上漫長而又曲折的寫作道路，逐步前進，才有了目前令人滿意的狀況。這一路走來，我放棄了那種非要讓對我不感興趣的人愛上我的努力，並學會去賞識、珍視那些真正對我有興趣的人。我在報章雜誌上發表了數不清的文章，最終，在四十歲出頭的時候出版了第一部長篇小說，後來陸續出版了好幾部。寫作讓我全身心投入。我覺得非常幸運，能擁有這樣一種激情。在生育能力逐漸下降的那些年月裡，就算曾在某時某刻有不滿足或空虛感猛然襲上心頭，我也從沒視其為生理上的生育衝動，而是創作生涯中必有的起起落落。

有好幾次，我和有孩子的女性作家朋友們談起自己沒有孩子的顧慮。「別生！」她們會異口同聲地說，「沒有干擾地寫下去吧！」我還不至於需要「接納」她們的建議，但我會把這句話作為自己始終不變的無後狀態的辯護詞。

我一直覺得，在渺茫遙遠的某一天，我終會成為一個合格的、心甘情願的母親。經過多年的心理治療後，我已經拋棄了對孩子們的不耐煩和怨恨之感，也已經能夠控制住自己，別再強烈渴求父母的注意力和關愛。懷著憂傷，我接受了這個事實：想得到那個特殊的負擔已經太晚了——你此生只有一次機會。我也更能理解我的父母了，對我母親的糖尿病和情緒不穩有了更深刻的認識，也理解了父親本身就是在一個毆打是家常便飯、甚至可能被打到送命的家庭中長大的。

我變得更有能力，甚至更願意為人母了。但等到這個階段，再等到我遇見可以勝任好父親的男人時，我們都太老了——正如他所說，我們的生活方式已經很難被改變了。

僅僅因為我多了幾分意願並更能勝任母親之職，並不意味著我迫不及待想當母親。也不等於說我就當得上。實際上，在我們結婚前兩個月——當時我五十二歲——我停經了，開始出現熱潮紅，成了另一種嬌羞新娘。

若在年輕時，我會說自己沒有子女是因為我有心靈創傷。但到最後，我真的面臨要選擇的境地。畢竟，我和丈夫是可以去收養的，也可以去嘗試那些最新潮的人工受孕方式。不過，還是有很多問題要考慮。我們真的想在自己七十歲時看到孩子才剛剛高中畢業嗎？假設我們真的那樣期待，又真的願意把新婚後的幾個月都耗在約見負責收養事宜的律師們上嗎？假設我們要等五年，我們會想在七十五歲時參加孩子的畢業典禮嗎？

我沒有遺憾。因為沒有孩子，我一直自由自在，並為此感恩——那是一種相對而言新式的自由，歷史上的大部分女性都沒有體會過。很多時候，我感覺自己像個先驅，一個可以擁有無數新機遇的女人，包括完全根據自己的才能和性情塑造人生的機會。由此，我和母親形成了鮮明對比，她在默認的前提下接受了婚姻和家庭，因為她雖然受過專業音樂訓練，本可以成為職業鋼琴演奏家，但當時的社會並沒有向女性提供那樣的工作機會。

並非我刻意選擇事業而不要孩子，也不能說我的事業因為我沒有孩子而尤為受益。沒有花在養育孩子上的時間，我全都浪費在談情說愛上了，要不就是瞪著窗外放空；碩士畢業後，我花了很多年才建立起自律的工作模式。但我確實以寫作為中心，塑造了我的生活——事實證明，那成了一種非常美好的生活方式，我可以獨自解決孤獨、艱難、矛盾的童年問題，也不會有意無意地給無辜的他人帶去會一直殘留到成年的痛苦。

寫這篇文章的時候，我和老朋友討論了這個話題——就是多年前我懷孕時，警告我別毀掉業力的那位女性好友，我和她相識至今已有四十七年了。她早就忘了自己講過那句警世預言，這一次談起我們當年有多麼窮、我當時有多麼迷茫時，她驚呼起來：「感謝上帝！你沒有生下那個孩子！」

我覺得，自己曾有過的母性衝動都已被扭轉了方向，而結果是令人滿意的。我曾經親吻過、抱過的那些裹在新生兒的第一個襁褓中、臉孔皺巴巴且熱烘烘的孩子現在都長大成人了。我還有一些讀國中的小小朋友，過去的六、七年間，我最喜歡和一個國中生相約去看電影。我還幫大學生上創意寫作課，和幾位年輕的女作家保持密切往來。

我二十五歲時見的那個算命師說的話句句成真了。我落魄了幾十年，年過五十後總算過得舒坦了些。二、三十歲那陣子，我和酒癮惡戰三百回合——是重病，但不致命，現在我戒酒已有二十六年了。我也知道了在關於生命何時開始的辯論上，算命師掌握的那種宇宙全知能力會站到哪一邊。我選擇了不要那個我命中注定會有的孩子。

我可以接受這樣的結果。

拯救你自己
Save Yourself

丹妮爾・韓德森
Danielle Henderson

總是外婆送我們出門上學。當第一縷晨光剛剛竄上我和哥哥同住的臥室窗沿，她就會出現在我家門口，送我們去學校後再去上班。在我的想像中，她和我媽會像幽靈一樣擦身而過；外婆抬起粗壯的小腿拾級而上時，我媽剛好走下臺階趕著去上早班，她要在一棟小房子裡坐一整天，把細小的銀絲焊到綠色的大電路板上。外婆會輕輕推醒我和哥哥，摟著我倆的肩膀走到廚房，我們就能站在已經預熱的烤箱前穿戴整齊。「煤氣比電便宜。」她總這樣說，那時已是一九八四年，但她仍改不掉大蕭條時代的思維方式。

學校就在幾條街外，但自從前一年的電視上播出了小男孩亞當・沃爾什遭綁架後被謀殺的電影後，就沒人敢讓自家小孩獨自走在街上了。我哥只要看到前頭有同班同學，就會撒手跑過去，而我總是乖乖地跟在外婆身邊，邊走邊踢地上枯乾的紅葉。

「我不要上大學，也不要生寶寶。」有一天，我對外婆這樣說。

直到今天，她講起這個故事時仍會像當年那樣哈哈大笑，深沉的笑聲像突然吹響的低音號。當年，笑聲從七歲的我頭頂上方傳來時，我繼續往前走，落葉死死地黏在腳上那雙色彩鮮豔的魔鬼氈運動鞋的鞋底。「哦，是嗎？此話怎講？」她咯咯地取笑我。

「大學像監獄，小寶寶都很噁心。」我答得義正辭嚴。

「丹妮呀，你還不知道這輩子會做什麼。你很可能改變主意呢。」

「不會的，」我說，「我不改。」

——

後來，我確實上大學了，大學畢業後又讀了研究所，但那場對話發生之後的三十年內，我真的從來沒有生孩子的念頭。我沒有那種生理衝動，沒有那種渴望，也不擔心自己老了之後沒人來探望我，幫我擦屁股。如果生理時鐘是真實存在的器官，那我的那只鐘就和闌尾一樣毫無用處。因為我一直很清楚自己不想要孩子，所以從來沒有過心理掙扎——沒有把「生還是不生」當作生命中的重大決定去再三斟酌。孩子和我的生活從來都不搭調。

陌生人老是問我為什麼不要孩子，尤其是他們發現我很喜歡孩子的時候。我總能和孩子打成一片，用他們的方式與之交流，喜歡給他們炫耀的機會，問他們最喜歡什麼書，任由他們嗯嗯啊啊、磕磕絆絆地講完長得嚇人的故事。我總是充分利用自己的身高優勢，讓出現在我生活中的孩子們騎在我肩膀上，讓他們體會掌舵的樂趣，告訴我該往哪兒走，往哪兒跑。我喜歡充當第一個教他們屎尿屁笑話的壞老師，冷笑話也讓我樂此不疲，哪怕是那種說了一百年的老梗。世上有一種放諸四海皆準的推斷：不想要孩子的女人基本上都討厭小孩，但其實並非如此。我覺得孩子很了不起——他們對世界充滿好奇心，那會提醒我也要永遠敞開心懷、保持求知欲。十幾歲的時候，我靠當保姆賺到不少錢；現在也很喜歡在暑假期間跟著侄子姪女們到處跑，努力教他們玩滑板，而他們也會手把手教我怎樣操控新買來的電動玩具。

我很清楚當好父母需要付出多少努力、做出多少犧牲，我自認可以勝任。雖然一想到從自己身體裡產出嬰孩這個畫面多少會很痛苦，簡直萬念俱灰，但孩子終究不至於讓我害怕。為了養育孩子而不得不做的所有事情都嚇不倒我，我不但做得到，而且無需整日整夜為之憂慮。我認為孩子們不需要價值數千美元的高級玩具或設備才會開心、聽話；而且，我一向睡得晚，大多數夜裡都會清醒地待到凌晨三點，睡眼惺忪但精神集中，專注於我的寫作計畫，或者像這篇文章這樣的作品。所以說，為人父母這件事絕對不會讓我抓狂。但是，我成年後的大部分時間都用於療癒糟糕的父母帶給我的心理傷痛，那讓我領悟了一點：僅有當好父母的意願是不夠的。愛，有時會走到山窮水盡的那一步。我花了很久才琢磨出來，怎樣才能讓愛充盈自己的生命——那些我的父母似乎沒能給予我的愛。我拿定了主意，要把能夠給予孩子的愛統統留下，但不給孩子，而是給我自己。

我十歲那年的寒假，媽媽把我們兄妹倆留在了外婆家。她想一走了之，根本不打算回來，但我們沒能立刻覺察到。我和哥哥甚至沒帶走大部分私人物品，我只帶了課本和寒假作業，夠穿一星期的衣物，以及舒坦的心情——之後整整七天都不用待在繼父旁邊，實在讓我鬆了一口氣。我搖搖擺擺跑上外婆家複式房屋前門的樓梯之前，只是敷衍地和媽媽抱了抱，飛快地吻了她一下。從客廳的沙發背上，我眼睜睜地看著她的車在街角拐彎後消失無蹤，手持方向盤的是彎腰駝背的繼父。我很高興看到他們離去，雖然當時這念頭有點嚇到我了。

虐待不是從一開始就有的，但自從繼父搬進來後，他的存在本身就成了一種騷擾。夜裡，他想幾點回來就幾點回來，在客廳看電視或在廚房做早餐時常會吵醒我們。他不介意打破家裡的規矩——我們不能大聲喧鬧，但他可以；就算他沒有生氣，關起門來也是乒乒乓乓的。他讓我覺得孤獨，他霸占了母親的時間，在我想跟在媽媽身邊時，他總叫我去別處玩。在我印象中，在他出現之前，家裡只有三個人——媽媽、哥哥和我。我不喜歡在家裡看到這個人。媽媽不太出去約會，我的世界很小：出門，我就去學校；週五去街角的一元商店，跟老闆哈利買糖果；去大聯盟超市；要不就去四季小餐館，我們有時會在櫃檯邊吃早餐，轉著屁股底下的塑膠圓凳；再來就是去外婆家。不管到哪裡，我看到的都是熟人，幾乎碰不到陌生人。

起初，我媽是個很了不起的母親，哪怕我家不太富裕。在我出生前幾個月，父母分道揚鑣。對他們來說那很容易辦到，因為他們是高中時的戀人，沒有結婚，當初是我媽跟著我爸私奔到了北卡羅萊納州。後來，外曾祖母出了一筆錢，讓大肚子的我媽帶著一歲大的科里坐客運回老家：紐約州的格林伍德湖區。最初的一年裡，我和哥哥住在外婆家，讓我媽休養一陣子，等她可以自食其力了，我們一家三口才搬到巴掌大的小鎮上，租下了鎮中心一家熟食店樓上的兩房公寓。小時候，我不懂「救濟券」的意思，但我注意到，媽媽買雜貨時用的鈔票很像我們玩大富翁時用的玩具鈔票，而且我們的牛奶是用盒裝粉末沖泡出來的，不像我朋友伊爾琳家的牛奶是從紙盒裡直接倒出來的。那是一九八四年，第一波桌上型電腦的熱潮方興未艾，我媽就在一家小型電子公司裡上早班。她希望我們放學後能在家陪我們，但有些夜裡，只要隔壁鄰居能確保我和哥哥準時上床睡覺，她也會去辦公大樓裡當計時清潔工。儘管我們可以享受一些公共福利，但我媽認為那不過是權宜之計，因而她非常重視節儉持家，能省則省。生日禮物從來都不是芭比娃娃，但我不會為此哭鬧或抱怨，畢竟我們吃得飽，穿得暖，睡得安穩。

但當她遇到我繼父後，一切都改變了。那年夏天，我剛滿七歲，和科里去加州的阿姨家住了一陣子，好讓我媽休假一下，順便加班、多打點工。八月裡，阿姨陪我們飛回來，一到家，我們就發現家裡煥然一新。我媽竟然賺了足夠多的錢，買了新沙發、新茶几，連臥室裡的家具都是嶄新的。以前我睡的是黑色老鐵架床，活像傳了三代人的老古堇，現在卻換成了純白的木架床，小巧的床頭板中央還繪有一叢鮮豔的小花。梳妝臺和床架是配套的，抽屜拉出推進時，黃銅拉手會發出悅耳的輕響。新沙發有可愛的淡彩條紋，配了三隻鼓鼓的靠墊，一人一個。我媽可自豪了，笑個不停，忙不迭地帶我們看這個、看那個。

「明天我們進城，買幾件上學穿的新衣服。」她說。

我媽是在哈林區長大的，但我們住在距離曼哈頓一小時車程的地區，每次進城都像是過節。即便是現在，每當我轉過林肯隧道的彎道、整座城的天際線突然一覽無遺的時候，我都會激動得起雞皮疙瘩。在隧道裡，我玩味著水下的片刻安靜，因為我們馬上就要躍出水面，衝進早已熱火朝天的熱鬧市區。那天，我們一走進梅西百貨，在鞋櫃買鞋的那個男人就開始搭訕我阿姨。等他問她要電話號碼時，她嘖了一聲，翻了個白眼，去別處看另一雙鞋了。

誰知，他又扭頭來勾搭我媽。就算有點輕微的駝背，他也是我小時候見過身高最高的男人，頭髮很短，但有幾縷髮絲在前額，髮際線已有點兒後退了。他穿牛仔褲，淺色T恤。他的眼睛滴溜溜地到處轉，好像身處一場無休止的捉人遊戲，隨時等著什麼人來偷襲他。我離得太遠了，聽不見他和我媽說了什麼，但他靠近她時，她就像朵花兒一樣喜笑顏開。一星期後，他就睡到我家的新沙發上，用上了我家的新盤子。

我不清楚我媽什麼時候才明白他是個多大的麻煩，也不明白她發現之後為什麼不把他轟走，再換個鎖芯。我無法理解她為什麼不保護我們。我和科里到後來才意識到他嗑藥，但當時我們只知道放學回家後要輕手輕腳，因為他總在睡覺，萬一把他吵醒了，他就會揍我們。我們也知道，家具開始不翼而飛，媽媽和他大吵大鬧時會談到錢。我們還知道，媽媽在電子公司的工作換成了夜班，以便她白天再打一份工，好多賺一點錢。等我上床後，從去了梅西百貨的那個週末開始來到我家後再也沒有離開的男人，會在黑暗中徘徊在我的臥室門外。

——

「梅西男」和我們共同生活了三年。之後的寒假裡，我媽嫁給了他。她把我們兄妹倆留在外婆家後，跟著新丈夫搬進了位於布朗克斯的新婆婆家。目送她的車開走後整整兩年，我們都沒見過她一面。她偶爾會打電話來，但我該在電話裡說什麼才能讓她回來呢？那時候，外公外婆都退休了，搬進了複合式公寓。只有兩個臥室，我和哥哥入住後，分配房間就讓人很尷尬。我和外婆共用一間臥室，我哥和外公共用另一間。外公外婆賣掉了大號雙人床，換購了兩張標準雙人床。在外婆家的生活更單調；為了撫養我們，他們雙雙回去工作，家裡從不缺吃的。平日，我們做完作業後可以玩任天堂，新遊戲機也是他們買給我們的。週末，外婆會跟我們一起玩大富翁或巴棋桌遊。相比於和「梅西男」共同生活，外婆家的日子好過多了，但我還是想媽媽，想念他出現之前一家三口的生活。

我永遠都不想生孩子。甚至在繼父攪亂我們的生活之前，養育子女這件事就一直令我震驚，在兒時的我看來，那是極端的痛苦，吞噬時間的巨大黑洞。但即便是聲稱自己很想生兒育女的人，看到我媽媽在保護我們這一點上一敗塗地後，也不會覺得那是值得耗費精力的苦力活吧。就我媽而言，生兒育女從頭到尾都很艱難，誰都看得出來，她始終勉力而為。在她身上，我領悟到一點：誰也說不準該如何成為好母親——你不用非得深愛你的小孩，甚至不用一直陪伴他們，也能完成任務。我媽做的工作比我認識的任何人都多，和我們在一起時經常沒好脾氣，很容易發火。我因此有一種感覺——我們完全是個累贅，她那麼辛苦地工作，只是為了養活我們，忙完了也累癱了，幾乎不想和我們待在一起。我們還可以去玩耍，去探索新鮮事物，但她始終沒有屬於自己的時間。和外公外婆一起生活之前，他們簡直是完美的家人，但一旦我們住下來並徹底撼動原有的生活後，他們也漸漸顯現出我早在媽媽身上見識過的那種疲憊不堪和力不從心。我媽撫養子女的方式讓我明白了：世上的痛苦、傷害遠比快樂和幸福要多得多，所以，光是想一想——把一個新人帶到這個讓人頭痛、複雜不堪的世界上——這主意就能把我嚇得半死。我怎麼能保證我會比我媽更勝任當媽的職責？萬一她在這方面的一敗塗地會遺傳，我豈不是會比她更糟？

療癒童年創傷需要進行大量的情緒調整。在和我繼父共同生活的那三年裡，外公外婆始終被瞞在鼓裡，沒有介入。他們不知道我經歷的虐待到什麼程度，當我和科里搬到他們家後，他們就成了我們的監護人，我又不知道該如何開口。將近二十歲時，我才有了第一位心理師。十幾歲的那些年裡，我始終擺脫不了自殺的念頭，自我封閉，對外面的世界不聞不問。我有幾個朋友，但那些往事讓我難以啟齒，因而覺得非常孤立。我也有些課餘愛好，譬如參加鼓樂隊、壘球隊，但除此之外我基本上都待在自己房間裡，要麼看書，要麼一邊看電視一邊縫紉——那是我最喜歡的消遣。我媽和我繼父又生了三個孩子，組建了新家庭，直到我十三歲時，她才終於來探望我們，但那不過是短暫的拜訪，她無意把我們接回去。那時候，我已經死了心，不想和她再有什麼關係了；我只想離開那個小鎮，遠走高飛，那就不用再見到我媽了。

要說我不想生孩子只是因為我媽媽，那也不公平。正如我先前提到的，我從沒有過那種生理衝動。也就是說，就算我有全世界最棒的母親，也還是有可能把生兒育女歸入「我永遠不想做」的清單。但顯然，她增加了這件事的不確定性，以至於讓我迷惑：這到底是先天還是後天所決定的？或許結論不是非此即彼那麼簡單？有很多人的童年也不盡如人意，但他們生兒育女，或是為了證明自己可以成為更好的父母，或是出於一種補償心理，以他們想要的父母形象去當自己孩子的父母。我時常思索：為什麼我對童年創傷的反應會走向另一端——始終不願生育？可能因為我不太勇敢。你必須擁有足夠的希望和信念，堅信自己學會了一切本該透過家庭教養習得，但事實上雙親並沒有教給你的能力。你必須告訴自己，未來的你可以避免青春期時遭遇的隱患。但即便如此，你還是會給自己挖出別的坑。我每天都斡旋在各種生活難題之間，努力維持平穩的情緒狀態——但所謂的平穩，不過是我必須憑空塑造出來的狀態。如果拖著個孩子，就很難辦到這一點了。

「但你很善於和孩子打交道，」朋友們都這麼說，「你知道你可以當好媽媽，恰恰是因為你永遠不會犯你母親犯下的過錯。孩子們自有一套療癒你的方法。」

這話聽來冠冕堂皇，但在我想來實屬蹩腳的預設，也不該讓孩子承擔那麼多壓力。為了讓自己身心健全，我二十幾歲時的大部分時間都獻給了心理治療。之後我才進了研究所，攻讀英語文學和性別研究的學位，但在那期間我遊蕩了很久，遠至阿拉斯加，什麼工作都做過——咖啡師、書店店員、bartender——最後才想通：我不需要為了感覺自己是有人愛的而讓母親出現在我的生活裡，我完全可以選擇和她培養出怎樣的關係。

（結論：沒有任何瓜葛。）

——

作為一個自願選擇不生孩子的女人，基本上我只有一個難題要解決：其他成年人。我們處在這樣的文化語境中：社會默認女人把生孩子排在第一順位，其重要性超過任何事情；而女性的個人選擇卻常被視為公共討論的對象，也就是說，大家都自認有權來討論我的身體、我的選擇——無論是誰，只要對我不生孩子的事感興趣，都可以朝我衝過來，打破砂鍋問到底。如果我心情好，願意寬宏待人，就會對他們的提問一笑置之，攬下所有責任，把一切歸結於我覺得自己沒那種能耐。我會說：「哎呀，我媽就是個糟糕透頂的媽，看起來當媽是個苦差事。」可當我心情不太好的時候，我就會反問：「為什麼你想了解這件事呢？」要不就直說：不是每個女人都想生孩子的。有時這會引發一場辯論，但我其實只想讓他們明白：他們不僅是在刺探我的隱私，還想把那些不堪一擊的假設不分青紅皂白地扔給我。

被問了太多次後，我不得不捍衛自己的意願。但更讓我生氣的是，大家竟自認有權這樣問。我生氣，因為問我為什麼不要孩子，就等於要我坦白一言難盡的家庭歷史，把童年的各種不如意全攤開給他們看；或是要我坦白自從我明白小孩是怎麼來的之後，我的所思所感。人們常常不經意地問我為什麼不要孩子，就像在問：「你怎麼會來西雅圖？」他們也指望我漫不經心地回答，但我不能也不願意。

我欣賞那些能認清養育子女的艱辛、能確定自己不是那塊料或只是不想去嘗試的女人，也希望我們可以不用老是站在捍衛、辯護的立場上，展開更多關於無後人生的對話。另一件事也讓我耿耿於懷：世上還有很多女人想要孩子，但頗費周折，或者無法自然生養，或者頻頻流產。考慮到還有那麼多女人在為人母親的道路上有心無力，走不到終點，所以，那些純粹站在自我立場上大談特談生兒育女的人未免不太友好，缺乏同理心。

過了二十歲，我開始約會，總是開門見山和男朋友講清楚：我是不要小孩的。只要是正經的約會，我就會立刻拋出這個話題，萬一我們沒有共識，那就趁早結束。大多數情況下，男友們都滿不在乎——二十多歲的男人還不會認真去想他們何時或是否要成為父親。事實上，在遇到我丈夫之前，我從未覺得那是需要解釋清楚的事。他是來自羅德島的藝術家，平易近人，大部分時間都用來瀏覽和討論網上連載的動漫故事。在正式約會前，我們已是多年的朋友。他以前就知道我不想生孩子，但畢竟過了那麼久，而且從今往後我們要作為朋友、伴侶一起面對這個世界，我開始擔憂：現在的我們在這個根本的問題上會不會有分歧？萬一他改變主意了呢？我們訂婚的時間不長，從決定結婚的那天到舉辦萬聖節婚禮總共只有五個星期。就在那五週裡，在研究所授課的間隙，在興奮地籌備婚禮的間隙，我突然想到：我應該和他再確認一次有關孩子的事。

好時機沒法等，再等就來不及了。況且，我是有想法就會脫口而出的那種人。所以，那天晚上，我們在沙發邊吃晚飯的時候，我冷不防地說道：「我還是不想要小孩的。」他看了看我，笑了，用他一貫令人驚詫的冷靜語調告訴我：挺好的啊。他說他從沒打算要養小孩，又開玩笑說，以前倒是有可能留下了幾個種，只是他不知道，興許哪一天就上門認親了呢。我說，我是擔心他以後改變主意，讓我為難。他聽了大笑起來，說他如果改主意了，我們離婚不就好了。有些人大概覺得這話太刺耳，但我覺得夠坦誠——僅有坦誠也未必功德圓滿。到最後，他承認自己應該不會要孩子，但確定無疑他想和我在一起，所以，我們可以抱著這個希望一起走下去。

克服童年受虐的陰影、決定不生孩子的過程，也決定了我必須重新定義「家」的概念。我認為自己的家人是由親朋好友組成的大團體，只要是我可以依靠的人都能加入進來。外婆是我的家人，哥哥也是。丈夫是家人，毫無疑問，透過他我有了更多家人：他的父母和兄弟。好朋友們都是我的家人：艾利克斯，六年級時我們一起上瓦勒斯基先生的自然課，之後我們就成了死黨；莎拉，我在漫無目的的二十多歲於網上寫部落格時交到的好朋友；珊卓，我二十二歲那年和她在紐約市的一場音樂會上認識，我們相見恨晚，讓我有了通往快樂的捷徑。

為了讓外婆安享晚年，我包攬了大小事宜：幫她付醫藥費，處理每個月要交的生活帳單，打電話給她的醫生，確認治療糖尿病的各項療程，她要更新遊戲軟體時，我還會幫她搞定她的iPad。我倆橫跨美國兩端，一個在紐約，一個在西雅圖，但照料她的人是我——不是我媽。看著外婆漸漸蒼老，我很想幫她抵擋一切，不讓她害怕或孤單，也忍不住去想，以後誰會這樣對我？大多數人都相信，也指望養兒防老，我一直聲稱自己不擔心老無所依，因為我創建了自己的防老體系——經由我親自篩選的家人。但事實上，不走到那一步，並不會知道結果究竟如何。我只知道我有侄子和姪女，也非常欣慰地看到他們成長為有趣、有思想的人。朋友們的孩子也讓我歡喜——甚至是尚未謀面的那些孩子。就在我撰寫這篇文章的時候，我最要好的三個朋友都懷孕了，之前好多年，她們也曾猶豫要不要生。我給這三個大肚婆起綽號，嘴上叫她們「豬排」，心裡卻非常期盼有機會貢獻我的智慧，參與她們為人母的生活。

了解我心聲的人或許會得出結論：我不想生孩子是源於失落感——缺失母親的呵護和忠誠，缺失家庭信念，缺失童年。但在我看來，我不想生孩子的渴望是與生俱來的，不受我的操控。這僅僅因為我是我，不論這種渴望是否重要，不論別人會讚賞還是責怪，我都願意承受。但我做出了決定——尊重不生養的渴望，想方設法保有自我的完整性，哪怕這意味著我不得不面對主流社會的評價、輕蔑甚至憐憫——這就是勝利，是我每天都會慶祝的一種勝利。

每天，我都嘗試做自己的父母——我從未有過的父母。每天，我都能學到新方法，讓自己充滿熱情和耐心。我創造出圍繞寫作打轉的生活，給自己到處旅行的自由，依據自己的情緒和想法度過每一天。瑜伽幫助我舒緩壓力，暫時放下一切。每個星期，我都會和鄰居們喝幾次咖啡，坐在後門廊上，講講彼此的生活，談天說地，或是聊聊我們都很喜歡的這個社區裡的點點滴滴。我和丈夫有很多時間共處、閱讀、去餐廳吃飯，甚或談談夢想和未來的目標，比如買個房子好好翻新一下，領養一條狗，退休後到巴黎定居。我的童年支離破碎，從不奢望平常人家的好日子，但現在我覺得很滿足：有時間、有空間好好對待自己，以及我身邊的人。養育後代是很美好，但我決定先拯救自己。

煩死人的「擁有一切」

The Trouble with Having It All

潘．休斯頓
Pam Houston

巴拉克．歐巴馬總統再次當選前的兩小時，暴雨傾盆，我在舊金山國際機場停車場的最頂層，聽著他的提名演講，熱淚滾滾而下。當時，我手拿著一張經由休斯頓轉機飛往印第安納波利斯的紅眼航班機票，因為我在印第安納州首府有一場為期三天的活動，要為巴特勒大學創意寫作班的學生們朗讀作品，為他們上寫作課，並與之密切交流。距離起飛已經不到一小時了，但我打算坐在車裡，直到總統發表完演講，哪怕我很可能趕不上登機。他一講完，我就一路狂跑直奔航站大樓，一路上仍在流淚。為了不讓自己熊抱排隊過安檢的六個陌生人和美國運輸安全管理局的員工們，我只能任由自己淚流不止。

那天晚上，我最強烈的感受是慶幸。慶幸那些企圖讓非裔美國人遠離投票權益的人最終沒有得逞。慶幸人們最終沒有像卡爾・羅夫[1]那樣愚蠢地不肯相信歐巴馬能贏得選舉。慶幸這樣一個事實，即在二〇一二年的美利堅合眾國，金錢不能買斷選舉結果。慶幸那些在二〇一二年總統競選過程中始終想要和女性及其各項自由權益作對的人再次被打敗——至少這一輪是被打敗了。

巴特勒大學的學生們都很聰明、活躍，讓人著迷。晚餐時，盡是年輕女孩們在說話，暢所欲言地描繪她們的生活和心之所向，男孩子們反倒很安靜，靦腆但不失禮儀，仔細關注著女孩們的發言，好像能從她們身上學到什麼。為了慶祝歐巴馬再次當選總統，有個女學生——席間最活躍也最風趣的那個——從頭到腳只有三種顏色：紅、白、藍。我是說真的，不僅她的衣裙、配飾只有這三種顏色，就連每根手指頭上的指甲油都用這三種顏色貼出了迷你版美國國旗圖案。

餐桌邊的每個年輕女性都有事業上的雄心壯志；大多數都打算生兒育女，但暫時不行，得等她們寫完長篇小說、贏得普利茲獎、周遊五、六十個國家，以及學會衝浪之後再說。席間總會有人說出這句話：「我全都想要。」這些女生顯然都想擁有一切。

有個比較內向的女生談到，她很讚許住在紐約的姊姊：在雷曼兄弟銀行工作，年薪二十五萬美元，同時還能照料兩個不足五歲的孩子。那位姊姊每週工作六十個小時，卻還能每晚更新她家的部落格，貼出她擠出時間給孩子們烘烤的小餅乾的食譜，或是她透過Kiva集資網站從中國西藏的創業小作坊訂購的手工氂牛氈沙發套。

「我的未婚夫想一畢業就要孩子。」另一個女孩說著，瞥了一眼左手手指上的一星鑽戒。

兩個孩子剛剛好，不多不少，桌邊眾人幾乎都同意這個數字，除了一個女孩想要「至少三個」，還有一個獨生女說起自己小時候享受到了特殊待遇。

話題轉向孩子時，我注意到那位紅白藍小姐有點沉默，就故意問她：「你呢？」想起她用定音鼓般的大笑聲平定桌邊七嘴八舌的女生交響樂的樣子，「在孩子問題上你有何感想？」

她挑了挑眉，一條眉毛比另一條足足高了快三公分，「除非地獄凍結，或我的掌心裡長出頭髮。」

---

1 卡爾・羅夫（Karl Rove，1950-），美國共和黨的政治顧問，在小布希（George Walker Bush）擔任總統期間任高級顧問，人稱「布希的大腦」。

我和她的眼神相對了足有一分鐘，我知道自己的嘴角不自覺地上揚了。

「我以前也這樣想，」有個說起話來聲音很溫柔的女生說道，「但我姊姊說，女人不再以自我為中心的唯一辦法就是生個孩子。」

「最糟糕的事是，」獨生女說，「莫過於你不要，然後才發現自己徹底錯過了。」

「我不知道，」紅白藍小姐並非咄咄逼人地說道，「我非常確定，『都想要』大概是不可能的。我覺得，什麼都要，大概就意味著把你自己切成很多小塊，顧及每個人的需求，但唯獨忽略你自己的。」

別的女生都跳出來勸服她：「哦！年紀再大一點，你的想法就會不一樣了。到了三十歲左右，荷爾蒙就會來折騰你了。」她們說這話時言之鑿鑿，好像她們自己都不是十九歲似的。

「不會的。」她這樣回答，不帶一絲挑釁的敵意，而我相信她的話，因為——除去三十年的年齡差距和美國國旗美甲貼片，她簡直就是我本人。

我今年五十二歲，是個作家、教師、老派旅行者——換言之，我去過七十個國家，真心覺得在自己迷路、被逮捕、吐出五臟六腑之前，我無法確定自己的終點在何處。我的初潮到來的那個月，最高法院對「羅伊訴韋德案」[2]做出了判決，大概我也因此注定不會有孩子吧。

我從來都不想要孩子——這一點我非常確定——也有很多朋友曾口口聲聲說不想

2　「羅伊訴韋德案件」（Roe V. Wade）指的是美國聯邦最高法院一九七三年關於女性墮胎權以及隱私權的重要案例，承認女性有權墮胎，受到憲法隱私權的保護。起因是一九六九年八月德州的女服務生諾瑪（Norma McCorvey）意外懷孕後想墮胎，朋友建議她謊稱遭到強暴，以合法墮胎，因為德州法律規定被性侵的女性可以合法墮胎。然而，因為沒有警方報告證明她遭到性侵，所以這個辦法沒有成功。她去了一家地下墮胎診所，但發現該診所已經被警察查封了。一九七〇年，律師琳達（Linda Coffee）和薩拉（Sarah Weddington）為諾瑪（化名珍妮．羅伊，Jane Roe）起訴代表德州的達拉斯縣司法長官亨利．韋德（Henry Wade），指控德州禁止墮胎的法律侵犯了她的「隱私權」。地方法院判決，該法侵犯了原告受美國憲法第九修正案所保障的權利，但沒有對德州的反墮胎法律提出禁制令，羅伊再向美國聯邦最高法院上訴。最終，聯邦最高法院在一九七三年以七比二的票數對比認定德州刑法限制女性墮胎權的規定違反美國憲法第十四修正案「正當法律程序」條款。二〇二二年六月二十四日，最高法院在「道布斯訴傑克森女性衛生組織案」（Dobbs v. Jackson Women's Health Organization）做出裁定，以五比四的表決正式推翻羅伊訴韋德案的判決，撤銷過去五十年來憲法對墮胎權的保障。

要，但後來都生了，考慮到我們是在「羅伊訴韋德案」之後的發達國家，這肯定意味著：我不想要孩子的決心比我的朋友們更加堅決。

我「想要孩子」的心態疑似冒泡的時候是在十多年前，當時我在寫一篇文章，為了回應那些自顧自地硬說我有抵觸情緒的人，其中很多都是和我素昧平生的陌生人，但也有些熟人。我寫那篇文章是想審視自己在這個問題上的頑固態度，但等我寫完了，反而百分百確定：我並不是抵觸才拒絕生孩子。十年過去了，現在的我更是確定無疑，至少可以很有自信地說：如果我只是有抵觸心理，那就永遠不會知道自己其實是如此鐵了心。哪怕那些人認識我才不過五分鐘，卻都說我可以成為偉大的母親。其實，（我們聽到捕風捉影的推斷和假想後也會主動放出風聲，所以）他們知道的無非是：我可能又懶又愛磨蹭，就知道浪費時間。

——

就在不久以前，我們還覺得米特・羅姆尼[3]有很大可能當選美國總統，而他上任後的任務之一，顯然就將是推翻「羅伊訴韋德案」。那年競選期間，許多瘋狂的言論不絕於耳，但其中最瘋狂的當屬眾議員陶德．埃金（Todd Akin）的那番妄語了——他說，如果一個女人遭到「合法」強暴，她並不會懷孕，因為女性身體自有「關閉一整套功能」的辦法。要把埃金這一派胡言的陰險之處全面羅列出來是挺難的，但我們不妨試試。

首先，他的言論比通常意義上指責女性穿著輕佻、舉止放蕩，明擺著就是「自找」強暴的言論更過分；進而，它又暗示任何遭受強暴的女性受害者如果沒有享受到那種邪惡的快感，就能自動啟用女巫般的方法，終結強暴導致的妊娠，從而從根本上避免墮胎。墮胎將是沒必要的，除非是某些特別虛弱、無力施展足夠魔法的女性，這反而能證明——以陶德．埃金的邏輯來說就是——她並沒有被「合法」強暴。你氣得渾身發抖，想問：這到底是什麼意思？如果你穿著網狀絲襪走進酒吧，遭到的強暴是「不合法的」嗎？如果你的車剛好在城裡治安最差的區域熄火了，遭到的強暴是「不合法的」嗎？如果強暴發生在家庭內部呢？查理叔叔在新年派對上染指雙胞胎算是買一送一嗎？如果強

3 米特．羅姆尼（Willard Mitt Romney，1947-），聯邦參議員、美國商人和政治家，麻薩諸塞州第七十任州長，二〇一〇年美國總統選舉競選人，是一名摩門教徒。

暴你的是你父親，那算合情合理合法嗎？

——

在一九七〇、八〇年代，作家關注環境問題的現象尚未成為趨勢。我們甚至不了解全球在變暖，但一般民眾——至少在我所處的圈子裡——對於日常生活對地球生態環境造成的破壞是有所覺悟的，他們比今天的人感到更多的壓力要去減少自己對地球的破壞。一個女人可以說她不想要孩子是因為她不想給人口過剩的地球再添負擔，因為這個星球上已經人山人海了；哪怕有些人可能不相信她，但終究算是一個可以接受甚而值得讚賞的辦法，讓她能給出一個冠冕堂皇的交代。我的作家朋友泰莉·坦貝斯特·威廉斯[4]當時的理由就是這個，但她出身在摩門教家庭，出於顯而易見的理由，這種解釋還是引發了一陣風波。當時的泰莉讓我仰慕（至今仍是），我也和她一樣，對大自然懷著激情熱愛。我不想和石油化工產業出品的尿布扯上關係，也不想承擔在荒原上多造一個夢想家園的責任。

我有一張我們倆的合影：我和泰莉在一九九二年的鹽湖城書展上，臉上都已沒了稚氣的痕跡。我倆座位前的桌上堆滿了剛出版的《牛仔們是我的軟肋》和《郊狼峽谷》[5]，在我們的眼神深處，我只能看到興奮、狂野和愉悅。我們生活在母親那輩人無法想像的年代，我們對此深有感悟。我們是自己命運的締造者。我們是自由的。

對於那些想以女性主義者自居的女性來說，如今的女性主義充滿術語行話，極盡學術化，但幾十年前的女性主義並沒有惡作劇般拗口的詞彙，不像貪吃蛇那樣，讓你在語義學層面被攪得七葷八素、把自己活活繞死。一九七〇年代的女性主義者都用簡單的一句話來陳述自己的觀念，你只能表示贊同或不贊同，譬如：女人有權當藝術家；女人有權競選公職；女人有權去達特茅斯大學深造；女人有權不生孩子；女人有權不當任何人的妻子。

---

4 泰莉．坦貝斯特．威廉斯（Terry Tempest Williams，1955-），美國小說家，作品關注環保和女性健康等命題，代表作有《郊狼峽谷》（*Coyote's Canyon*）、《沙鷗飛處》（*Refuge*）、《在破碎世界尋找美》（*Finding Beauty in a Broken World*）等。

5 《牛仔們是我的軟肋》（*Cowboys Are My Weakness*）是本文作者的短篇小說集。《郊狼峽谷》是泰莉．坦貝斯特．威廉斯的作品。

一九八〇年，我在丹尼森大學讀書時，專業為女性研究的老師把宮內避孕器當耳環戴。我超級喜歡她，至今想來都會讓我臉紅。南．諾威克（Nan Nowik）的個子很高，非常優雅，是個言行合一的女性主義者。在她的課上，我們研讀了夏洛特．吉爾曼的《黃壁紙》[6]、童妮．摩里森的《蘇拉》和《最藍的眼睛》。她每天都批評我們變成主流規範的奴隸，也就是在父權社會中甘願臣服。毫無疑問，她罵得對。她自己是個異類，還想知道我們在哪些方面與眾不同，而在那個年代，在兄弟會風氣鋪天蓋地的丹尼森大學裡，她就是命脈所在。南．諾威克從來沒有一次對我們說過：既贏得國家圖書獎，又生養兩、三個孩子，這就算是「擁有一切」了。南．諾威克肯定會覺得寫一份餅乾的食譜當日誌是荒謬至極的事。

———

如今人們普遍認為，某些女性因為童年創傷而「不想生孩子」，很可能是反應過度。我沒把握能夠駁斥這種觀點，因為最常見的三種虐待（酗酒、性騷擾、暴力傷害）

確實可以勾勒出我本人的童年陰影。然而，隨著年紀增長，我越來越不相信事實僅限於此。首先，教授創意寫作的三十年令我能夠確信：我的童年經歷簡直和尋常人家的雙車車庫一樣司空見慣。其次，我這輩子一直在治癒那些童年舊傷，坦白說，我已經不再感受到那種創傷了。

再試試別的思路好了。如果說，我不想要孩子是因為我太熱愛自己的工作了，導致我無法讓我的工作為孩子讓路，或是因為無數次嚴肅的旅行真切地讓我感覺自己和整個世界緊密相關呢？如果說，我一直喜歡自己的生活方式，遠遠勝過我身邊其他人的生活呢？如果說，假設讓我選，我寧願接受在不丹艱苦徒步一個月的使命，也不願意把同樣的時間耗費在摺寶寶的連身小衣服上面呢？如果說，相比於寶寶，我就是喜歡狗狗更多一點呢？如果說，我已經非常肯定個人的自由是我最最最在乎的東西呢？

我有些親密友人很鍾愛當媽媽這件事，從某種層面上說，她們就是為此而活的。在

6 夏洛特・吉爾曼（Charlotte Perking Gilman，1860-1935）的小說《黃壁紙》（*The Yellow Wallpaper*），講述了一個患有精神憂鬱症的孕婦被關在一間貼有黃色牆紙的房間裡接受治療的經歷，當時被評論為瘋顛女人的話語。

她們的人生中，當媽媽是最具挑戰、回報也最多的至高功業。還有些朋友不是那麼熱愛這件事，但她們希望自己能更投入一點，同時數著日子，等最小的孩子上大學去，她們才能把注意力轉回到自己的夢想上去。還有些朋友假裝喜歡為人母，但方圓二十公里的每個人都能聽到她們恨得咬牙切齒。也有些人假裝聲稱當母親是世上最大的麻煩事，但你能看出來，她們的母愛之深無以言表。還有，我那些沒有孩子的朋友相應地可以分成如下幾類：有人喜歡無子無女，有人因無子嗣而抱憾終身，還有些人口是心非，假裝待在另一個對立的陣營裡。前不久，有個沒孩子的朋友對我說：「我永遠不會遺憾自己沒生孩子。讓我遺憾的是自己生活在這樣一個世界——無論如何，在這樣的世界裡，不生孩子這種決定終究不是好主意。」

就因為所有女性在生理上具有生養能力，就認定她們都應該生養，不生養的女人或是存心抗拒，或是有心理創傷——這種推斷根本就是毫無道理，更別說性別歧視的問題了。我考過法學院入學測試，考分足以證明我在心智上能夠勝任律師之職，但從來沒聽任何人對我說過哪怕一句，說我明明可以成為非常棒的律師卻沒有去做，說這肯定和某些深層童年創傷有關，只要我肯盡釋前嫌，就能當個好律師，繼而償清欠這個世界的某些說不清道不明的債。

——

雖然我不得不一直勉強適應，但當代美國人的某些生活現狀仍讓我想不通。那麼多人勞其身心仍是入不敷出，卻死活抗拒能為他們提供負擔得起的醫療福利的政策，這讓我想不通。憤怒的青少年可以徑直走進商店，買下無需重填就能連發一百發子彈的武器，而我卻不能把不足一百毫升的肯夢牌洗髮精帶上飛行時間僅有四十分鐘的短程定期往返航班，這也讓我想不通。更讓我的想法無以為繼的是，竟會有女性把票投給一個想要控制發生在她子宮內外之事的政客。

從羅伊訴韋德案判定後的那年開始，美國許多州的保守立法者取消了禁止墮胎的限令，增補了妊娠不同階段的墮胎權限、強制性諮詢、父母同意等附帶條件，要說奇特當屬印第安納州的增補法令：規定了分發事後避孕藥的服務機構的廳堂大小、門道寬窄。在我寫這篇文章的時候，美國共有六個州——猶他州、維吉尼亞州、俄亥俄州、路易斯安納州、密蘇里州和我家鄉所在的科羅拉多州——在墮胎問題上保有「觸發法」[7]，換言之，如果羅伊訴韋德案的裁決被推翻了，在這些州，墮胎就會立刻變成非法。還有二十三個州針對妊娠晚期的墮胎有特別觸發法。主張女性有權人工流產的社會運動者們認定，早晚會有某個州起草出一份有效迴避羅伊訴韋德案的反墮胎法案。全美流產權利行動聯盟（National Association for the Repeal of Abortion Laws，簡稱NARAL）曾在二〇一二年預測：如果米特・羅姆尼當選總統，十七個州將在一年內禁止墮胎。

當代美國政治中存在很多爭議性的議題，儘管我有強烈的抵觸情緒，但我有能力理解和尊重另一方陣營的決策。但是，只要還有像陶德・埃金先生這般不了解基本生理學和生殖學常識的男人，自以為能夠剝奪我的決定權——要不要花費至少十八年、平均二十三萬五千美元去生養一個孩子？更別提我還要為自己的夢想和目標付出的重大代價，或是因為我被剝奪了選擇權，我的孩子可能最終會因此受到數不勝數的折磨，就像那麼多孩子每天都在他們困惑、沮喪、無聊的母親們的照料下所感受到的那樣——我們就不能假裝女性在這個國家擁有真正平等的地位，否則就太荒謬了。

反對墮胎？汽車後保險桿上有張貼紙這樣寫。那就一個別懷！到了二〇一五年，這件事總該有定論了吧。

——

前不久，我在蒙大拿州米蘇拉市宣傳新書時，有個素昧平生的年輕女人邀請我喝杯咖啡。因為共同認識的一位編輯卡羅剛剛去世，她在世時深受愛戴，我們便想共度一段懷緬時光，講講關於卡羅的往事。

我們在咖啡桌邊一入座，她就說道：「我必須坦白地說，你和泰莉・坦貝斯特・威廉斯是我最崇拜的文壇英雄，有一件事始終讓我特別欣賞你們：你們都是主動選擇不要孩子的。」

她這麼一說，我才意識到，已有很久沒有人表示我的人生在這一點上是值得讚賞的。大部分人——尤其是女人——幾乎無一例外地都認為我這麼做是自私的，受了錯誤

7 觸發法（trigger laws）是對某些特定法律的別名，這些法律規定自身無法被強制執行，但一旦環境發生某種核心的變化，這些法律即具有強制執行力。

的蠱惑，甚至有點嚇人，就好像演員薇諾娜・瑞德（Winona Ryder）一開始是在商店裡小偷小摸，最後就不可避免被逮了現行。

「我最想擁有你們那樣的人生，」她說，「寫作，旅行，出版自己的書。」

我知道她最近把處女作簽給了一家非常棒的出版社，就說道：「看起來你也不賴，走上了你想要的路。」

「只不過，」她說道，「我現在懷孕十一週了。我想，我約你喝咖啡的真正原因是在於：我期望你能告訴我，我可以兩者兼得。」

又是這句話，簡直像廣告語！我慢吞吞地啜飲杯中的拿鐵，拖延時間。她又告訴我，她也請泰莉喝了杯咖啡，同樣提出了這個難解之題。我是在紐澤西長大的，紐澤西人不看重禮貌，但親善有加、話裡從不夾槍帶棒的泰莉是在格外重視禮儀的文化氛圍中長大的。然而，她在這次出其不意的測試中得分很低，理論上，她的分數該比我高一百萬倍啊。

更不用說那個棘手的變項了：十一週，和四週不一樣，和十三週也不一樣。這個年輕女人真的想讓我告訴她，她可以魚與熊掌兼得嗎？還是想讓我說：「快！拿好我的手機。趁現在還來得及，快約定手術時間！」

「你和泰莉談的時候懷孕幾週了？」我問道，還想拖時間。當她略有不解地看著我時，我說：「很抱歉。我覺得我不相信你可以擁有一切。我不相信任何人可以。實際上，我認為『擁有一切』這種說法本身就是謬誤，也是種症狀，表明我們在當代文明中病得有多重。沒人可以擁有一切，就連唐納德．川普也不能。根據你做出的選擇，你會擁有這個或那個。也有一種可能是魚與熊掌兼得，但兩樣東西的分量都有限，事實也許會證明那是最完美的結果，恰好就是你想要的人生。」

——

我這個年紀的女性主義者在遇到年輕女性時會發出痛苦的呻吟，因為她們甚至不知道「羅伊訴韋德案」這幾個字到底是什麼意思。但是，平心而論，我在十八歲時又知道什麼呢？關於瑪格麗特．桑格[8]？通過憲法第十九修正案所需的各種條件？共有多少州

8　瑪格麗特．桑格（Margaret Sanger，1879-1966），美國著名的推廣避孕知識的先驅人物、作家、護士、性教育家。「計畫生育」這個詞彙就是由桑格倡導推廣而廣為人知的。全美第一家計畫生育診所也是桑格開設的。

沒有認可平權修正案[9]？我應該知道更多，但我並沒有；不足以理解我應該對那些先驅女性先輩們抱有深摯的感恩。

但可能更令我不安的是，我越來越領悟到：因為我緊跟著羅伊訴韋德案後的時代而來，緊跟著葛洛麗亞．斯泰納姆[10]、亞卓安．芮曲[11]、瓊．蒂蒂安[12]和艾莉絲．孟若而來，所以，比起我在巴特勒大學遇到的那些女學生，不生養孩子對我來說大概更合適一點。也許我這一代人擁有格外明顯的優勢，我們的母親眼看著廣大女性很快就能擁有她們遙望而不可及的各種選擇，卻又意識到自己已陷入專橫的丈夫、共乘協議、青少年聯盟[13]組成的流沙中，難以自拔了。也許是因為我們眼看著母親那一輩人退縮到酒瓶、處方藥，甚至更糟的忘憂地中以求解脫，我們這代人才會對著芭比娃娃和神祕約會桌遊起誓：我們不會像母親們那樣深陷其中。也許那些戰役現在已經消停，在後視鏡中遠遠倒退而去；也許就像南．諾威克說的那樣：主流規範已教會了這一代年輕女性如何自我監控。

我第一次懷孕恰是在我第一本書付梓出版前的九個月。當年我二十九歲，戴著子宮帽懷上的（子宮帽上還有殺精劑）。我和孩子的父親沒有結婚，卻是一對和睦的戀人。我很喜歡他，事到如今我已經徹悟了一點——對於任何一段情感關係，這大概算是最好的評語了——當時我心想，他應該會是個很好的爸爸。

---

9 《平等權力修正案》（Equal Rights Amendment，簡稱ＥＲＡ），是美國一九七二年推出的一項建議修正案，主要規定是合眾國或任何州不得以性別為由而剝奪或限制法律上的平等權利，但最終因沒有得到法定州數的批准而廢棄。

10 葛洛麗亞・斯泰納姆（Gloria Steinem，1934-）美國記者、社會與政治倡議人士，曾為伸張女性權利而潛入花花公子俱樂部，聲名大噪。一九七二年創辦女性主義雜誌《Ms.》，生涯投入許多平權組織和相關計畫。

11 亞卓安・芮曲（Adrienne Rich，1929-2012），美國當代知名詩人、散文家和女權運動者，受推崇為美國二十世紀後半葉以來最具影響力的詩人，讀者廣布全球。芮曲一生追求公義，寫詩為文旨在激發女性意識，呼籲改革。

12 瓊・蒂蒂安（Joan Didion，1934-2021），美國作家，被譽為當代最優秀的散文體作家，代表作包括《向伯利恆跋涉》（*Slouching Towards Bethlehem*）、《奇想之年》（*The Year of Magical Thinking*）。曾任記者，以敘事和文學技巧來傳達事實的書寫方式打破過往新聞寫作的框架，因此被視為美國「新新聞主義」（The New Journalism）運動的先驅。

13 青少年聯盟（Junior League）在一九〇一年於紐約市創立，為一非營利的女性志工團體，致力於增進女性、兒童與家庭福祉，在全美各州、加拿大、墨西哥乃至英國都有分會。

我打電話把懷孕的事告訴我媽媽，她說：「你有非常特殊的天賦，潘。如果你決定生下這個孩子，你就將徹頭徹尾變得平凡，就和別人沒什麼兩樣了。」我媽媽是個演員、歌手、舞者，還會表演雜技。她六十五歲那年還能在沙灘上翻筋斗呢。為了應付生命中的種種不如意，她每週都喝掉五分之三瓶伏特加，每天吞下一大把偉克適（Vioxx）止痛藥，酒和藥的這種組合足以讓她不出一年就喪命。

我接著打電話把懷孕的消息告訴我的編輯，她的反應不像我媽媽那麼尖銳，但言語間透露的意思卻很真切，不容否認。那家出版社打算用一種不太常見的方式推廣我的短篇小說集：讓我做一次巡迴書展，去不同城市推廣我的書，如果我可以去，對這本書來說是再好不過的事。

和某些口不擇言的議員所堅信的恰恰相反，沒有哪個女人「想要」墮胎。我從來沒碰到過哪個女人把這件事視作兒戲，就算不曾視其為悔恨的源頭，至少也會認為那將讓她餘生蒙上哀怨。

我時常想，假如我媽媽的反應正常一點——比方說，因為自己要當外婆了而興奮不已，或是滿心期望我有了孩子就能安定下來——結果又會怎麼樣呢？假如我有哪怕一分一秒的停頓，給自己一點餘裕，讓我坦承自己對這件事的真實感受，那我會做出不一樣的選擇嗎？今天的我覺得二十九歲實在很年輕——顯然，那時候的我還以為人生的時光無窮無盡呢。天真的我大大低估了寫作出版帶來的壓力，平白無故地認定：就算我自顧自地生孩子，重挫這本書的銷量，那也不要緊，我必將得到寫新書的機會，下一本書出版時再全力以赴推廣就好了。假如這一切都是發生在羅伊訴韋德案通過之前，那麼，構成我的人生的每一件事都會和現在不一樣。不一定更糟，也不一定更好。但不管在什麼情況下，我都不相信我可以擁有一切。

——

我可以毫不猶豫地說，我的人生是豐富多采、充滿喜悅的。我熱愛勤奮工作，也確實身為作家和教師勤奮地工作著。教書時，我擔負著為他人創造、呵護創意空間的職責；寫作時，我就把自己的創想視為重中之重。我把賺來的錢花在追求探險上，因為那能引導我寫出更多作品，出版後還能為我提供更好的教學機會，繼而又能催生出更多新鮮的冒險體驗，再催生出新的寫作素材——如果我足夠幸運，餘生都能享受到這種良性的催生效應。我珍惜時間，因為只有擁有時間，我才能去賺錢；我也珍惜自己賺來的錢，因為有錢，我才能換來自由，這樣的優先次序想必是很合理的。我住在一片壯美的土地上，位處科羅拉多州景色最壯麗的地方。去年夏天，我還清了房屋貸款，總共用了二十一年，每一分錢都是我教書或寫作賺來的。總的來說，我覺得這是相當可敬的活法。

別的女人會把為人母當作最重要的事——比我人生中的所有事都更重要——那也是很可敬的人生。但要因此說我是自私的，她不是，那我可不買帳。有些女人就是出於自私的意願才選擇生兒育女的。哪怕有些母親確實懷著無私的母愛去生兒育女，卻仍會表現出自私自利。對於不同的人生選擇，你不能簡單地用「自私」或「樂於奉獻」去貼標籤；如果說奉獻是令人尊敬的人生目標——我相信確實如此——也許我們的任務就是要選中一條道路，能讓我們創造出最佳的機會，去奉獻自我。如果我有自己的孩子要照料，我很可能變成一個不那麼大度的教師、不那麼體貼的人生伴侶、無法隨叫隨到的朋友。俗話說得好：愛不是吃完就沒了的餡餅，愛是無窮無盡的。但還有句實話是：我們每天只有二十四小時。

用巴特勒大學創意寫作班的那位同學的話來說，當一個女人以自我為中心時，那一定是壞事嗎？這不就是我們的女性主義先驅們想要告訴我們的嗎？如果一個女人當真有五分鐘的時間能以自我為中心，她很可能找到治癒乳腺癌的終極療法，或是贏得奧運金牌，或是在加薩走廊進行和平談判，或是去當美國總統？

——

有個學生用電子郵件通知我，她打算退出我私下開設的寫作社團：「我很喜歡寫作社團，以後肯定會很懷念的，但我覺得這筆錢更應該花在孩子們的教育上，而非我自己的興趣愛好。」我簡直能看到——在她寫這封郵件的時候，有一群女人站在她那個小鎮的遊樂場裡鮮豔的遊樂器材旁頻頻點頭，對於她做出的自我犧牲表示讚賞。

但我想問的是：為什麼不呢？為什麼孩子們的教育就天經地義似的比你的自我教育更重要呢？你明明是個極有天賦、潛力無窮的寫作者。萬一砸下巨額教育費，你的孩子們終究還是平庸的呆瓜呢？

在她所居住的那個小鎮，中等價位的房子售價九十萬四千美元，因而我們有理由相信，她的幾個孩子不可能面臨無法受教育的問題。我當然可以理解，爸媽都想讓孩子們得到最好的東西，這是崇高的愛。但我擔憂的是倒退——如果我們仍然認為為了孩子犧牲自己是更崇高的事，那就等於倒退了一大步。

我媽媽最喜歡對我說一句話：「為了你，我放棄了一切我熱愛的東西。」這句話幾乎出現在我生活的所有語境裡：讓我打掃自己的房間，讓我把頭髮中分，讓我戴牙齒矯正維持器，讓我同意按照她那些神經質的減肥食譜吃飯，讓我穿上那些肩墊十公分高、醜到爆的安．泰勒牌外套，讓我和哪個男朋友分手。這句話由簡單的詞彙組成，卻有一番魔力，我寫幾頁都寫不完它讓我做了多少事。在我媽媽去世多年後，我的心理師要求我羅列出我媽媽喜歡的事物。我一如往常地順從了他的意願，羅列如下：表演、唱歌、跳舞、打網球、縫紉、旅行、伏特加。

「你出生後，在這些事物裡面，她享受到了哪些？」他問我。

「全部，」我回答，「一樣都沒少，一直享受到她死。」

「所以？」他說，「看起來她放棄的唯一一樣事物是……什麼呢？」

「沒有孩子的人生。」我答道。我必須承認，她放棄的不是什麼小事情，也正是我愛自己的方式。

——

也許，所有這些事歸結到一點，終究是愛，這一點兒都不奇怪。愛，就像自私和奉獻，不是某樣事物所能獨占的，而是融入我們的一言一行，構成我們本身。我愛物質世界，愛我在世間經歷過的一切，愛得深切又痛快，每一分鐘都可能心碎，我也做出了數不勝數的人生抉擇——除了不要孩子之外，還有很多——為了確保我能始終以自己的方式入世又出世。

當我在不丹，對著地上的土坑吐得昏天暗地時，我仍愛著飄揚在頭頂上的朝聖者的經幡。我愛這具透過排毒來保存生命力的肉身，不管那是什麼毒，我還不至於愚蠢到去消受殆盡；寺廟裡的人給了我一顆感染了霍亂病菌的橘子，我才病成那副德行的，但回首去想，就連那座寺廟我也是很愛的。最重要的是，我深深愛著這一點：幸運、勤奮和技藝共同發生作用，讓我終於得到去不丹的機會——從我還是迷戀地圖的孩子時開始，不丹就一直長存在我的幻夢中。你也盡可把不丹替換成玻利維亞、波札那、寮國、塞里福斯島、巴黎、伊斯坦堡，或是你中意的特賴德滑雪勝地、普羅溫斯頓避暑勝地、大福克斯、新士麥納海灘，儘管列出不起眼的地名吧，那都將是我喜愛的去處。我所謂的喜愛，是愛在每一處發生的不可替代的細節：在江孜的寺院裡，氂牛油蠟燭靜燃的香味；在波札那的卡薩尼小鎮上，頭髮裡插綴彩珠的女人拉住我的手，教我跳舞；當我在北達科他大學訪問期間，四位身材瘦長的研究生問我願不願意在星期天早上八點起床去健身房，坐在臭烘烘的有機玻璃罩子下的座位上看他們打籃球。

朋友莎拉曾這樣對我說：「你深深地凝視自己寶寶的眼睛後，那兒就將成為你的香格里拉。」我毫不懷疑，凝視自己寶寶的眼睛是諸多妙不可言的美事之一，但我可以確定一點：那兒真的不是香格里拉。

——

七年前，我成了一名繼母，從中得到了巨大而確切的幸福感，也因此明白了一個人同意撫養一個孩子時，她會決意付出多少時間、金錢和精神——對此，我得到了些許更切實的概念。請注意，我說的是「些許」更切實的概念，沒有誇大也沒有貶損。我成為繼母時，那個孩子已經六歲了，之前大部分時間都是和她生母一起過的。我很愛凱莉，愛到可以奮不顧身衝到大卡車前救下她——除了愛，也有些許關於犧牲的想法，也有些許關於回報的想法。

你可能會想到：深愛凱莉為我的人生帶來幸福感，這肯定會讓我為早年的決定感到後悔，但事實上恰恰相反。我堅信，正是因為我沒有孩子，所以才有能力付出——在她真的需要我時，我可以毫不猶豫、全身心地進入她的生活。一開始，人生中有了凱莉，我感覺新鮮而又有趣（是的，莎拉，不能說孩子和香格里拉完全沒有相似之處），等到新鮮感退去，我已完全投身於愛之中了。

當我和凱莉有了默契後，我能夠向她展示另一種生活方式，和她生母選擇的有所不同。在這個家裡，我是賺錢養家的一家之主，在大部分事情上也是我拿主意，我說了算；我每年的飛行里程長達十萬六千公里，有時會去她聞所未聞的地方。她人生中第一場搖滾樂團演唱會是我帶她去的，第一次知道沙林傑的書是我讀給她聽的，第一次騎馬也是我教她的。但反過來說，也正因為我每年飛行里程超過十萬六千公里，有時會去她聞所未聞的地方，所以她八歲生日那晚，我被困在芝加哥的歐黑爾機場，只能缺席她的生日派對；而且，在她生病時，幫她把頭髮撥到後面去的人也好像都不是我。

以前，每當有人硬要我談論孩子時，我總會這樣回答：我覺得，遲早都會出現一個需要從我這裡獲得什麼的孩子，而那時候我肯定已做好了準備。不經意間，一語成讖，不僅如此，事實還證明，她也必須給予什麼，而那正是我需要的。你可能忍不住要說，隨著凱莉的出現，我已經得到並很快吃掉了屬於我的那份餡餅。你也可能忍不住要說，現在的我兼有了魚與熊掌。不過，「擁有一切」仍是廣告宣傳和心靈雞湯的說辭。而我，仍將滿足於擁有選擇的自由。

跳過當個媽之後
Beyond *Beyond Motherhood*

珍・賽佛
Jeanne Safer

永遠不會有人給我寄一張母親節賀卡——用蠟筆塗抹、用心裝飾的小卡片，出自尚不能嫻熟控制的稚嫩小手。我永遠不會在新生兒的小臉蛋上，找到遺傳自我自己的黃褐色眼眸或我丈夫的淺綠色眼眸。我也不會為誰唱搖籃曲。永遠不會有我的孩子對我微笑，也不會等到自己的孩子大學畢業，或結婚，或把親手寫的書題獻給我。我死後不會留有繼承人。

不孕症在新聞報導中屢被提及，已然成為大家耳熟能詳的話題。但我的情況不一樣：我選擇了這種命運。我做出了一個清醒的決定：不生孩子。

我是在一九八九年受某雜誌社約稿後寫下前述這段話的，後來就引申為我的第一本書《跳過當個媽：選擇沒有孩子的人生》（*Beyond Motherhood: Choosing Life Without Children*）。當時我四十二歲，結婚已有九年，從事精神分析已有十五年，正步入最後的關頭：時不我予，必須盡快做出我人生中最艱難、最孤寂的抉擇——我一直等到即將過了適孕年齡才讓自己鐵了心——我寫下這段話時泣不成聲。當我看到這段話印成鉛字刊登出來，意味著我的抉擇板上釘釘、確鑿無疑時，我再次淚如雨下。

二十五年過去了，現在再讀這些文字時我已六十七歲——但願這還不算真正的高齡，我依然會被字裡行間毫不掩飾的力量所打動，還有痛苦，我曾指望用一字一句寫下來的方式加以消解、緩衝那種痛苦帶來的打擊。當然，最初的情緒如潮水般湧來，重遇年輕時的自己，我仍然感同身受，流下淚來。但對於我所做的決定，以及決定的方式，隨記憶而來的還有一種值得緬懷的驕傲和感恩之情，因為我現在領悟到了：正是因為如此抉擇，我才能有這樣的人生。

這篇文章講述了困擾著那些刻意選擇不生孩子的女性的強烈羞恥感——不僅來自個人內心，也有外在文化留下的烙印，因而，我覺得必須以筆名發表這篇情真意切的私人分析成果（副標題就是「一位心理師的自我分析」）。我甚至還堅持要雜誌社滿足我一個完全無理的額外要求：在八月刊上登出，因為心理師們約定俗成都在八月休假——好像這樣一來，就算有認識我的人讀到這篇文章，也不會想到是我寫的，因為我根本不在城裡嘛。當時，我以為自己只是想要保護隱私，但現在我意識到了真正的動機：我用這種小把戲掩飾真實身分，是為了避免被病人們、同事們，還有親朋好友認出來——雖然這種機率很低，但我實在不想因此被他人指指點點，就像我不留情面地評判自己那樣。對於在要不要生孩子的問題上猶豫不決的女性，羞恥感是最難克服的一種情緒——因為你自私，不像個女人，甚或不能生養。這種焦慮幾乎要把我吞噬，當然，早些年間，極少數決定反抗生兒育女的女性或許能夠避免這種焦慮，因為要不要孩子與她們的身分認同並無關係。在生理上患有不孕症的人也有她們的焦慮和困擾，但和我經歷的掙扎體驗又不一樣，因為社會認同她們的心意是想生養的，亦即有正確的心態，因而不會質疑她們本質上完全是女性。在那個時候，我還沒有準備好把自己的意願公諸於眾。

自白式的文章好比一石激浪，我也沒有準備好迎接洶湧而來的讀者回饋。那篇文章登載於《七天》（*7 Days*），這本雜誌是一流的，可惜沒有長久地辦下去。就因為我那篇文章，雜誌社破天荒地收到眾多讀者來信，比之前的任何一篇文章收到的讀者來信都多。這個主題幾乎從來沒人寫過，但很明顯，有類似想法的女性一下子就發現：終於有人站出來為她們說話了。當然，雜誌社也轉給我另外幾封陌生人的來信，都堅稱我在妖言惑眾，或有精神病，或兩者兼有。其中有幾封出自同行之手，那些願意伸出援手的心理師建議我進行分析治療，切莫執迷不悟，以免為時過晚。這場爭論不適合膽小怕事的人，曾經如此，依然如此。但我當時就知道了：我必須就這個主題寫本書。

在我的病人和朋友們中，讓那些決定不生孩子的女性最糾結、也是最重要的問題之一就是：如果不生孩子，會不會因此抱憾終身？日後，她們的心會不會空空蕩蕩，她們的家會不會太安靜？她們和生兒育女的朋友們還有什麼共同話題？她們和未來的新世代之間將有怎樣的關聯？她們能不能感覺自己是完整的女人？等到別人三代同堂了，無法享受天倫之樂的她們怎麼能忍受那種冷清？她們要把遺產留給誰？這些問題顯然令我苦惱。因此，我用幾年時間把那篇文章擴展為一本書，盡可能多地採訪了很多上了年紀的女性。在最終完成的五十篇訪談中，有五篇的訪談對象是六十歲以上的女性。她們提供了一種獨特的見解。我需要了解：幾十年後，她們有沒有質疑自己當初的決定？以及在那個年代——女人對生養之事幾乎沒有主導權，遑論決定要不要生——做出這種冒天下之大不韙的激進抉擇是什麼感覺？她們是在女性主義興起之前，在可靠的避孕措施尚未普及之前做出這種抉擇的，和如今的世界相比，當時的社會更不可能認同這種異類。但她們每一個人都對自己的人生心滿意足。她們不懼怕老而無後（很多人提到：養兒也未必能防老），她們對伴侶和自己都很滿意，而且，相當打動人心的是：她們都為自己擁有獨立精神而自豪。

一九九六年，第一波嬰兒潮時出生的人已年過五十。我在《紐約時報》的專欄裡列舉了自己研究已久的無子課題的一些成果，並寫道：在那些有意識這樣選擇的人當中，沒有人因為從始至終的堅持而悲痛欲絕；事實上，她們對自己的抉擇及其結果都很滿意。二〇一四年，我這一代，也就是嬰兒潮那代人的最後一波，也開始紛紛踏入五十歲。我真心希望，這代人當中刻意選擇無子女的人也能心安理得、平靜無憂把自己選擇的這條路走下去。

決定不為人母，就將永遠不為人母。要在如此根本的問題上，清醒地做出和自己的過去、社會的期待緊密關聯的抉擇，還要考慮到女性氣質、人生目標，這需要你意志堅定。任何與主流背道而馳的做法，都要用盡心力。適孕期過去後，除非你去收養或找人代孕，否則就沒有重新考慮的可能。我要憑直覺做出的這一重要決定，是如何影響我的命運和自我認知的？現在的我六十七歲，這個決定的餘波又將如何影響我的未來？

在二十五年後再次探討這個話題，我感到如釋重負，也很樂意告訴大家，我從來沒有半點兒猶疑：我選擇的就是我人生的正解。做出決斷的那五年裡，我承受了嚴重的焦慮、自我懷疑、悲傷，對自己的未來產生極度矛盾的猶疑。但回首往事，我才發現，我其實把大部分時間都用於重新審視並真正接納我早在內心做出的決定上。當我用盡了藉口，卻依然對懷孕生養毫無興趣——我意識到這一點，轉捩點就出現了。我終於能告訴自己：「我並不是真的想生孩子。我想要的是『想要生孩子』這種欲望。」我渴望像別人那樣渴望生養，但我必須面對事實：我不想。這就意味著，我必須想通自己將在最根本的問題上和大多數女性迥然相異；事實上也意味著，我對幸福和圓滿的需求已將她們視為至關重要的事情排除在外了。我要面對自己的每一種感受，不管那有多麼痛苦。要走上這條通往自我實現的道路，需要我關注自己的真實感受，而不是我本該有或希望自己有卻偏偏沒有的感受。只有這樣，我才能為自己失去的、親自拋棄的可能性而悲痛；為沒有選擇的那條路感到悲痛，這才是有益身心的事。這樣想，讓我感覺好多了。

我也非常幸運，有一個支持我的丈夫。他本可以有另一種樣貌的家庭，但他很現實地感受到：因為當媽媽帶來的影響遠比當爸爸來得更全面且徹底，最終，生不生孩子只能由我來抉擇。他很明確地表示，對他而言，與我共度此生才是頭等大事。這種態度是我愛他的諸多理由之一。因此，在過去三十五年的婚姻生活中，我們享受到的知性、情感上的親密關係是相當難得的。

其後的那些年裡，我接受了一種想法：我完全可能成為比我想像中更好、更快樂或更有智慧的媽媽，哪怕有所憂慮。我只能憑推測猜想自己需要什麼，但當時的我不可能預見到的後來事實顯然證明了：我最需要的恰恰就是自由——當我想要（環遊世界，睡到中午，出門去餐廳吃飯，或偶爾心血來潮去看場午夜場電影）的時候就能付諸行動；可以心無旁騖地專注於我和丈夫的感情；可以全身心投入精神分析專家和作家的斜槓職業生涯。我發現自己最初的直覺判斷是正確的；我不想夾在自己的需求和他人的需求之間，尤其是由我生養的人。我很高興自己從沒進過迪士尼樂園（或因為沒有帶誰去而感到愧疚），也不需要和幾位家長協商孩子們的遊戲時間而操心，往遠了說——我也不用擔心網絡上的色情網站之類的禍害侵擾青春期的孩子，儘管這些看起來都不過是雞毛蒜皮的小事，但不用面對這些真的讓我很欣喜。對於這些沒經歷過的事，我毫不遺憾，也不期待。我也不覺得這是自私的表現或我就是塊「不結果的荒地」——前人常常這樣形容不生養的女性（然而，並沒有與此對等的稱呼去指稱沒有孩子的男性）。多虧了我在中年的前半段做出了清醒的抉擇，當陌生人在司空見慣的閒聊開場白時問出「你有幾個孩子」這個讓很多沒有孩子的女性尷尬的問題，我才能用不帶自衛感的口吻，微笑地回答：「一個也沒有。我不適合當媽。」

做出這個抉擇的過程本身，對我的個人生活和職業生涯都產生了超乎我想像的影響，也遠遠超越了「要不要當媽」這個問題。那讓我有了堅定的立場：我稱之為「堅決不」。對此我的定義是，經過嚴肅的全盤考慮後，你發現那不適合你，就要拒絕採取某種行動。

「堅決不」，意味著你要有拒絕的態度，並拒絕採取大多數人奉為圭臬的標準行為（比方說，總是原諒他人的過錯，或是不假思索地謹遵醫囑）。「堅決不」也常常意味著同意：同意那些或許並不普遍但實際上和你本人的想法、感受完全一致的觀點。只有透過堅持不懈地認識自我，才能得到這種結論。任何以這種方式做出的決定都不是反叛之舉，而是意願清晰的自我認知：堅定地站在代表你的利益的立場上。

拒絕採取那些違背你明確意願的行動是一種意義深遠的行動，而不僅僅是對外部世界的某種反應。而且，你要支持真正的自己——而非理所應當的那個你——才能主張自己的利益，你必須面對自己的真相，不管那是什麼感覺，或暗示了什麼。

「堅決不」是真正的個人主義的基礎。它已成為我的生命哲學的基石、我治癒病人的柱石。它啟迪了我，讓我在五本書中循序漸進地挑戰「禁忌話題」，表明特立獨行的立場；當我罹患兩次重病時，它也幫我保住了自我的真實。《跳過當個媽》為我鋪平了這條道路。

滿世界都是生兒育女的女性，那麼，一個選擇不生孩子的女人該如何與這樣的世界共處？對後代來說，母親非常重要，而我大概永遠也不會有那種程度的重要性——不論對任何人，甚至對我的病人們來說，都沒那麼重要。我放棄了寶貴的經驗和親緣關係，因而才能擁有我更想要的別種體驗。但我也找到了讓自己對下一代來說很重要的辦法。有些女性和我一樣做出了這個抉擇，她們很樂於成為姑姑或阿姨，或是好朋友的孩子們生活中特別的成年朋友——只可惜我沒有機會當一個孩子的姑姑、阿姨、乾媽或教母，但這類角色也許非常適合我。不過，大體來說，置身年幼的孩子們之間時，我從來都不自在，印象中只有我在大學附屬兒童精神病院工作時遇到的一個七歲女孩算是例外，很難忘。在我的職業領域裡，為年輕人當榜樣、成為良師益友是我得到滿足感的方式。我特別喜歡為年輕女性做分析治療，幫助她們塑造擁有自我認知、自我表達能力的人生。雖然我沒有生孩子，但這不能阻擋我幫到許多女性在為人母的問題上做出抉擇（她們當中既有選擇生養的，也有選擇放棄的），更不會阻礙我充分理解母親們的感受，這讓我很高興。雖然隔了一層，但我用自己的方式愛著個案的孩子們，能為他們的父母提出好建議，讓父母更理解他們，這讓我很有成就感。

——

為了準備一本新書的寫作，我最近重讀了自己十幾歲時的日記。過程中，我驚訝地發現了一件事實：其實，我早在一九六三年就開始考慮這輩子不生兒育女了。十六歲的我這樣寫道：「我已經決定，不把自己的人生活成那樣——好像女人唯一的創造力就在於生育小孩。」我不記得自己寫過這段話，但一語成讖。我那時就知道了啊！早在我不得不做出選擇之前。我只是不記得自己早就知道這一點了。

我一直認為自己和媽媽在很多方面都很相像，但我將自己的抉擇在書中公諸於眾了，所以，《跳過當個媽》一書出版時，我很擔心她會覺得被我輕忽、否定了。但恰恰相反，她高興極了。原來她一直希望我成為作家，這種期望甚至勝於她想要我為人母的渴望，她因此非常自豪。以前我總覺得她以自己的需求為標準來壓迫我，但我那時終於明白了——為了鼓勵我獨立思考，她付出了更多努力。我將那本書題獻給了她。

——

自從我加入選擇不生孩子的女性群體，已經過去四分之一個世紀了，整體狀況發生了哪些變化？這個群體的人數增加了——在我撰寫這篇文章時，主動選擇不生孩子的女性占育齡女性總數的比例上升了百分之十左右；這個群體人數仍在上升，而且她們更坦誠，更願暢所欲言，不再會用懷抱歉意或自我防衛的辯護詞——至少在公開場合如此。

但是，我不會去假想人性發生了巨大的改變；個體的痛楚依然存在，她們依然會陷入為人母的兩難取捨，這是我從前來向我尋求幫助的個案身上發現的事實。大部分人都找不到人傾訴，曾經折磨過我、至今令我記憶猶新且沒有所謂答案的問題，也在折磨她們。如果你沒有提前拒絕質疑，或者無意識地全盤接受，你就必須捱過這段艱苦的追問，找到自己的立場，明白自己為什麼如此選擇。這件事，從來都不輕鬆。

和過去相比，有些事已今非昔比——既有好的一面，也有壞的一面。二〇一三年八月，《時代》雜誌有史以來首次策劃了有關主動選擇不生孩子的專題報導。大標題是「此生無子女：擁有一切，意味著沒有孩子」，封面上畫有一對時髦光鮮、性感迷人、笑吟吟的（異性戀）夫婦——他們穿著泳衣，躺在沙灘上，輕輕鬆鬆、毫無負擔。我很高興看到這個議題終於得到了關注。回到一九九六年，《時代》雜誌有位主動選擇不生孩子的女性編輯就《跳過當個媽》一書採訪過我。但她的頂頭上司撤下了那篇訪談，因為他顯然不能接受我把無子女的女性描述為碩果累累、女性氣息十足的女人。他認為，沒有一個女人能夠說這樣的人生是美好的，她們也不應該這樣認為。在我的記憶中，這本雜誌直到二〇一三年才再次觸碰這種現象。

雖然我看到那篇報導時挺開心的，但其暗示的內容還是讓我憂心，類似「擁有一切」、「沒有子女」這樣看似樂觀的標籤式口號好像在暗示：否認自己失去了一部分，就能讓問題徹底消失，或是反過來講——承認失去，就意味著你會感覺自己不完整。作者帶著愉悅的語調斷言：「擁有一切，但不意味要生個寶寶，這些女人正在創建一種全新的女性範本。」

問題在於：世上沒有誰擁有一切——為人母也好，不為人母也好，男人也好——只要是人，都有欠缺。無論現在或未來，所謂完美的人生都不存在，否則就等於放任一種危險的幻想，即人可以沒有遺憾地活一輩子。沒有誰的人生沒有遺憾。每個重大選擇都有其利弊，不管人們承認與否，也不管人們能不能認清現實：沒有哪個母親能有徹底、延續終生的自由，而自由對我的幸福而言是不可或缺的。我將永遠無法體會母子間的親密感，或是母親對子女的影響力。損失——包括失去未來的各種可能性——是生命中不可避免的事，沒有人能擁有一切。

我認識一位深思熟慮的母親，為了養育兩個兒子，她中斷了自己的法律事業，而在讀過我的書之後，她將真心話寫在信裡，寄給了我：「我常常想到你——你周遊異國，你追求事業上的抱負——簡而言之，我常常想到你那作為成年人的生活。城郊的親子生活從很多方面來說都很美好，有一些寶貴的瞬間美妙至極，讓我不禁凝神屏息。然而，這也是一種極度受限的存在方式。我的內心有一部分在渴望你的生活，這不讓人驚訝。」

真正的自我接受，真正的解放，都需要清醒認知自身的局限，而非自以為是地否認其存在。不管有沒有生養子女，女性都可以實現自我；你不用擁有一切，也肯定能擁有足夠豐富的人生。這是事實，也應該被認清。我們何其幸運能生活在這樣的時代啊——可以在深思熟慮後選擇適合自己的生活方式，即便選擇逆流而行，如今的世界也不會對我們過分側目。不走尋常路既會帶來滿足感，也會帶來阻礙。我們能夠得到、也真正需要的不外乎——擁有足夠多的體驗，並體驗適合自身的事物。至於我，我只希望自己在一九八九年許下的願望最終實現：我的子宮始終空空如也，但我的生命充實而圓滿。

通話完畢
Over and Out

傑夫・戴爾
Geoff Dyer

我這輩子始終有兩大抱負：增重（這件事是沒戲了）以及沒有孩子（到目前為止，這件事算是辦到了）。這不僅僅是說我從沒有過生孩子的念頭，我一直想著的是：別搞出孩子來。事實上，這麼說還是不足以形容我的想法。在公園裡，看著面帶笑容的父母帶著可愛的寶寶悠閒散步，我的反應就像教皇面對手牽著手的同性情侶：這種不正常的渴望（生孩子）到底是從哪兒冒出來的？要我說，那來自想要性交的欲念。一九七〇年代，剛對性有了理論上的興趣的我就發現有大量證據表明：除非你行事極其小心，否則性交就會導致意外懷孕。未成年人懷孕是件壞事，要透過各式各樣的「預防措施」（這個詞彙毫無色情意味，大概就是因此被挑中而廣為傳播的吧）加以避免。也許，早年的性教育課程對我的影響比我想的更深遠：我現在已經五十六歲了，卻仍然相信，假如我成為某個孩子的父親，那仍將是少年懷孕的典型案例，只不過晚來一點兒罷了。

我或許不用承受生養孩子所帶來的那種巨大、持久且無所不在的壓力，但也不至於不了解——怎麼可能一無所知？沒有孩子的中年人會引發旁人的兩種態度。首先，可憐你，因為你沒辦法生出後代。我覺得這種態度挺好的。我一直在主動尋求憐憫，任何人的同情我都願意接受，如果身邊沒人，那就自己同情自己。我渴望得到憐憫，就像其他人渴望得到讚賞或尊敬。所以，如果有人問起我和太太有沒有孩子，我或是她就會回答：「沒有，我們沒那個福氣。」我們這樣回答時完全沒有表情，似乎欲求不得地搖搖頭，像兩只空啤酒杯般淒苦無望。搞不好哪天我說出這句臺詞時還能擠出一滴眼淚呢，但我至今還沒那種膽量。這個話題不好處理。對這類人生大事，人們會表現出驚人的敏感。其次，人們會畏懼你，因為你是故意選擇不生孩子的，你分明是在減損人類種族的總人數。對孩童毫無興趣會引發譴責，而譴責通常是針對戀童癖者的，這實在是個邪惡的悖論。唉，你真該看看幾年前我和朋友在倫敦海布里球場打網球時的情景，網球場緊挨著兒童遊樂區，很多小孩在媽媽們盯得緊緊的而又幸福的注目下連蹦帶跳。遊樂區相當大，但無需多言，終究是不夠大。有幾個孩子一直往網球場這邊跑，在柵門邊拍拍打打，想要到網球場裡來。在一旁守望的中產階級媽媽們無動於衷，完全沒有制止他們的意思。我的球友終於大喊一聲：「走開！」話音剛落，那些媽媽突然有了反應。一大群當媽的向我們撲過來，好像我朋友是個暴露狂。突然之間，我們彷彿置身於一部母系僵屍電影中間。那大概是我最接近被私刑處死的一次體驗了——雖然她們討伐的是我朋友，並不是我本人。但嚴格說來，我是他的球友，無異於沉默的共犯，我也因此目睹了一場旗幟鮮明的示威表態：父母及其孩子們擁有為所欲為的權利高於任何其他人的權利。「孩子就是魔鬼，」維吉尼亞．吳爾芙在給朋友的信中曾這樣寫道，「我相信，孩子能喚出父母心中最惡劣、最無法解釋的激情。」顯然，在那一刻，那些媽媽覺得孩子們有危險，那種愛看起來凶猛又邪惡，近乎瘋狂，退一萬步來說，也像是某種深層的反社會行為。我要強調這一點，是因為我們時常聽人說：有了孩子，人們會更有意識地關注他們開創了怎樣的世界，或者說，留給子孫後代的是怎樣的世界。恐怕就是因為這一點，在一個像倫敦這樣大眾交通設施非常完善的城市，做父母的人都必須確保有私家車。在我所居住的街區，很多父母會高速駕駛私家車送孩子上學，去街角那所貴到不能再貴的私立學校。讓孩子在優越感爆棚的小溫室下車時，你可以從那些媽媽的表情中看出來，更大的世界——以我這樣騎自行車的人，亦即窩囊廢為代表的世界——根本不存在，我們無非是讓她們難以找到停車位的阻礙物。身為父母，非但沒有開拓世界觀，反倒令他們變得令人錯愕地缺乏遠見。難怪安德烈．紀德[1]會這樣定論家人：「那些愛的吝嗇鬼。」

順便提一下：我家街角那所私立學校還有一點特別招人討厭。有一天我路過校門口——也就是說，像該死的褻童犯那樣畏畏縮縮地不想引人注意——卻看到了簡直難以置信的一幕：學校教職員們為家長的私家車敞開鐵門，以便那些七歲學童早早地開始培養拜訪政要的感覺。還有一次，我看到一個孩子要進校門，就想把一袋用過的網球送給他，他卻好像是約翰．麥肯羅[2]的貴族後裔，死活不肯要。竟然沒有給他未開封的整罐史萊辛格牌球賽標準用球！對這位說英語的小婆羅門來說，這顯然太心煩了。公平起見，我要很開心地在此彙報：那袋網球最終是被街角另一家公立學校裡的師生滿懷感激地收下了。

這些小插曲足以清楚地表明，我對孩子的態度和根深蒂固的階級對立現象密不可分。我有時不禁去想，我這麼厭惡孩子大概是因為：如果我真有孩子，他或她就將成為中產階級，並符合世人對中產階級的一切期望；等他或她從牛津或劍橋大學畢業後，我就得打電話給《衛報》或費伯出版社的朋友們，幫他或她問一下有沒有實習生的職位。在我居住的倫敦，這種美妙之處其實相當邪惡。你可以看到特權、頭銜、權勢的接力棒，如何從這代人手中順暢無阻地交接給下一代。

對很多人來說，孕育、撫養一個孩子是生活中最有滿足感的事。我有不少朋友以前對生養之事不痛不癢，但一旦決心要孩子之後——通常是意外懷孕之後，他們頓時覺得生活有了新期盼，有了以往的生活所欠缺的意義和目標。他們恍然大悟：曾經自以為是幸福快樂的（旅行、社交、戀愛）、極富滿足感的（工作）生活，其實根本是空虛、沒有意義的。於是，他們會敦促你也行動起來，加入撫養孩子的陣營，他們希望你也能分

1 安德烈·紀德（André Gide，1869-1951），二十世紀法國首席文學家之一。一九四七年獲得諾貝爾文學獎，獲獎理由是「文筆平易近人，充滿文藝氣息，同時也以真誠、無懼的愛及深刻的心理洞見，呈現人類的問題與現況」。作品廣納小說、回憶錄、評論集、散文集，代表作有《地糧》（*Les Norritures terrestres*）、《窄門》（*La Porte Étroite*）、《如果麥子不死》（*Si le grain ne meurt*）等。

2 約翰·麥肯羅（John McEnroe，1959-），已退役的美國網球運動員，七座大滿貫男單桂冠得主，被尊稱為「網球皇帝」。

享到那種富足、喜悅和幸福的感覺。反正他們是這樣說的。但我懷疑，其實他們只是想找人分擔並且傳播其中的淒楚。（有人得以逃脫、獲得自由的消息，會讓監禁中的人加倍痛苦，乃至無法承受。）別的先不說，在所有關於生孩子的觀點中，最讓我敵視的是所謂「孩子讓生命有意義」的說法。竟然假設生命需要意義或是目的！而我會舉雙手贊同生命可以完全無意義、全無目的可言。如果生命確有意義，人生肯定會少很多樂子啊——我們就有責任去追求那個目標、去實現那個意義（要是不這麼做，豈不是太愚蠢了）。

好吧，如果你搞不定生命的空虛，沒問題：生幾個孩子，填補那份空虛吧。但我們當中的有些人在空虛中樂此不疲，一點都不想把那空虛填滿，謝謝你的理解。我就明說吧——我絕不會聲稱所謂的工作讓我備感滿足、賦予我的人生以意義，所以我才不需要孩子。老實說，讓作家們來寫自己為什麼不要孩子，並編選成集——我對此略有疑慮。顯然，從定義上來說，選集就是作家文集，但如果文集中的作家們都覺得自己不得不為了更崇高的使命、成就寫作大業而犧牲天倫之樂，那我並不想躋身其中。任何一種基於寫作生活的狂喜和基於家庭生活的狂喜都令我憎惡。寫作只是在消磨時間，而且，和任何一種工作一樣，能賺到錢。要是你想證明我沒讀過你寫過的哪怕一句話，那就告訴我：你為了寫出那種詞句做出了哪些犧牲？如果我們可以把歷史重來一遍，抹除每一次壯烈的犧牲，世界將會變得更好，羊羔的供應量必將持續穩定地增長。父母的詞庫裡都有「犧牲」這個詞，雖然亞伯拉罕把刀刃抵在兒子以撒的喉頭時，是以撒頓悟了這個詞，但通常的用法不是這樣的，情況反過來了：父母為了讓孩子更好而寧願自我犧牲。我剛想就這一點大說特說，卻突然想起我多年前就在《一怒之下：與D．H．勞倫斯搏鬥》一書中說過一遍了，那本書裡寫到的犧牲無論在精神層面還是金融層面都堪稱史詩級別，請恕我在此援引如下：

有孩子的人生活裡充滿了責任和義務。沒有一件事是為了有趣而去做。孩子成了約束性責任的源頭。即使想要孩子，也會說成是完成血脈傳承的任務。人類的謊言！

完美的生活，完美的謊言……就是阻止你去做那些你可能已經很理想地在做（畫畫或寫不能出版的詩歌），但實際上並不想做的事情。人需要感覺到自己所追求的生活被當前的環境所阻撓，那種生活雖然是他們所引領的卻並不是他們想要的；而他們真正想要的生活，正是那些阻礙物的混合體。這是一個非常刻意、異常簡單的過程，精心編織了這張自欺欺人的網：設法說服自己，你想要做的事情被阻止了。大部分的人不想要他們所想要的東西，而是想要被阻止與被限制。倉鼠不僅愛牠的籠子，而且如果沒有籠子，牠會不知所措。這就是為什麼孩子成了如此方便的藉口：你有孩子，因為你正作為一個藝術家在努力養家糊口——這實際上也正是當一個藝術家所意味的——或者是因為無法繼續你的事業了。接下來：總是以要對他人負起責任的名義放棄各種事情，從不承認是因為失敗，因為自身的欠缺。在你意識到這一點之前，你的渴望已經萎縮到只能偽裝成責任的形式才會顯現出來。經過幾年為人父母的時光，人們變得無法回答他們想要做什麼。他們的喜好只能透過一層層的責任才得以表達，雖然他們正是透過完成這些責任義務——拜訪親家，被迫待在家裡當保姆——來衡量自身渴望的峰值。[3]

將近二十年後，我覺得實無必要改寫這段，不過也許該換個語氣，讓文章少幾分寬厚，讓批判來得更猛烈一點。尤其是因為：現在的我不再介意錯過有孩子會阻礙我享受的那些事情，比如我十六歲時超愛去迪斯可舞廳，而如今哪怕在那種地方待一分鐘都讓我痛恨至極。最近我真心想做的，就是帶著自我憐憫的感覺枯坐一方——倒不是說有個孩子會干擾到我做這件事，除非極度疲倦也是某種自我憐憫的解藥。當父母的人老是說他們有多累，我相信他們說的是實話，就算我幾乎不相信有誰會像我一樣覺得累得要死，我還是能夠肯定他們真的累得半死。我一天到晚都覺得累，從我醒來的那一刻開始，到幾小時後倒頭睡個午覺，總覺得徹頭徹尾的精疲力竭。這麼多年來，本該用來振奮精神的午覺早已失去了效力，事實上，除了增加多睡幾場午覺的必要性之外，根本沒有別的用處。這其中必然有什麼寓意——大部分事情都有其寓意——但我太累了，累到根本想不出什麼結果。

回到放棄跳迪斯可的良機或者說捨棄快樂的議題，我覺得在此討論一下我為什麼不養狗是非常合理的。雖然我從沒想過養個孩子，但我很願意養條狗，只是因為想到那意味著要擔負重任才一拖再拖。不養孩子是幸福的源泉，不養狗卻讓我和太太體會到持久的折磨和無盡的焦慮。我們一直希望自己能找出一種適合養狗的生活方式，但想破頭都

---

3 *Out of Sheer Rage: Wrestling With D. H. Lawrence*，引自簡體中文譯本（葉芽譯，二〇一六年由浙江文藝出版社出版）。

沒辦法，膝下至今無犬子。

這表示我太自私了嗎，大概真的像那些父母說的那樣？好吧，這豈不就是混淆視聽的錯誤命題？沒生孩子被認為是極度自私的表現，好像生了孩子就是無私奉獻自我，為了確保我們這種瀕危物種得以繁衍倖存並充斥這個人口稀少的廣袤孤島而無畏地犧牲。人們明明是因為想生孩子才生的，可他們總是強調這件事有多難。「你以為把幾個孩子拉拔長大很艱難嗎？」喜劇藝人大衛．克羅斯（David Cross）這樣問過，「才不呢。說服你的女朋友一連三次去墮胎——那才是真正難！」這笑話激起幾人大笑，幾人驚恐。等觀眾們的喧囂平復後，克羅斯才拋出最後的笑點：「我把這個命名為『區分兩類人的笑話』。」

遊說你生孩子的父母們，還會用另一套思路對你施加影響：你應當生孩子，否則等你老了肯定會後悔。這種說法看起來就不合邏輯，推理錯亂：因為生活可能沒有目的，但肯定有前因後果，其中一個後果就是累積而成的遺憾——數量龐大、百分之百的純粹遺憾。不管你有一個孩子、一打孩子還是沒有孩子，人生都會有遺憾。說到後悔和抱憾，每個人都是大贏家！保證你中頭彩。我想我第一次飽嘗遺憾的滋味是在十四歲上下。我很想宣稱那也是我最後一次感到強烈的後悔，但那不過是開胃菜，憾事的盛宴就此開始，無休無止。我從未忘卻那種滋味，因為主菜——或是夾生、或是燒焦的成年後的悔意——口味極其獨特。

因此，如果有人硬要說無法承擔養狗的責任，並拒絕考慮生孩子是發育受阻、過度延長青春期的嚴重症狀，我將全心全意地表示同意——也就是不同意。顯然，我至今還未聽到一種令人信服的理由，足以解釋我為什麼應該在我不想做的事情上耗費時間——每年最多十二個小時以上。那算不成熟嗎？也許。但那是與高度發達、完全成熟的公民意識相匹配的不成熟。我是個很好的公民（你看我為了回收利用那些用過的網球費了多大力氣！），也是一個值得信賴的朋友。我只是從頭到尾都不想聽到有人叫我爸爸，不想生活在到處散放著色彩鮮豔的兒童玩具的家裡，不想舉著網球拍對球網另一邊的八歲孩子說：「好球！」——其實明知他只是碰巧接起球罷了。當然，如果我十六年前就有了個孩子——就像我們街區那些小屁孩一樣——為了他或她怒砸數千英鎊的網球課費用，現在的我也可能有個自家培育的、和我球技相當的完美搭檔，那就不必像個該死的褻童犯偷偷摸摸地在聖馬克街球場裡轉來轉去，死盼著有人剛好路過能陪我打場球。我今年五十六歲，依然活得像十四歲時那樣，沒有兄弟姊妹，一天到晚想找個人陪我打球。

這麼說來，我們好像不經意間觸及了問題的核心。我敢肯定，如果我從小是和兄弟姊妹或寵物狗一起長大的，我肯定不會這麼排斥生孩子或不情願領養一條狗。可惜事與願違，我家只有三人：我、我媽、恨死狗的我爸。現在我家只有我和我太太。如果說，生孩子的衝動在什麼時候浮出表面，那應該就是二〇一一年我父母去世時。那一年，搖搖欲墜的世界偏航游移，好不容易再次回到正軌。我太太四十七歲。她的父母雙雙健在；她的姊姊四十九歲，單身，沒有孩子。所以，等我們都死了，這對各自的家族來說都是徹底的終結。無論龐大而複雜的血統可以回溯到多麼久遠，不管我們經歷了多少掙扎和挫折、勝利和失敗、歡樂和痛苦、出生和死亡、爭吵和和解——所有這一切，都將隨我們一起終結。不出三、四十年，結局必將如此。通話完畢，結束。從某個角度說，那將是歷史的終結。如果存在「被徹底遺忘」這樣的事，那麼，我對其形態和感受已有了完美的認識。

如果你不是你，絕對是個好媽媽

You'd be Such a Good Mother, If Only You Weren't You

M・G・羅德
M. G. Lord

母親去世後，我看不到顏色了。那時我十四歲，很害怕把這件事告訴別人，誰都不敢講。我們家的草坪變成了灰白色，儘管以前也不算特別綠。我們家那棟戰後建成的樸素房子曾是芥末色，現在褪成了褐色。我們家的道奇老車本來就是白的，現在還是白的——但冰川藍的內飾看起來很蒼白。我只能牢記一點：紅色在光譜的上方，綠色在下方；沒有這個念頭，我簡直活不下去。

我懷疑自己的神經系統出了問題，搞不好要去醫院，這也讓我害怕，因為我們根本看不起醫生。我家破產了。母親在一九七〇年三月住進加州的長灘紀念總醫院，醫生們認為她活不到那年四月，但她一直撐到了九月初的勞動節。父親的保險沒辦法給付這麼長時間。在她去世後，接踵而來的帳單快把他壓垮了，他不得不賣掉他和我母親最珍愛的財產——那座位於南加州拉霍亞的房子。作為他倆唯一存活下來的孩子，我就是在那棟房子的廚房地板上出生的，比預產期提前了五週。我曾在酪梨樹林掩映下的房前留影：復活節時戴著水手帽，聖誕節時戴著紅襪帽。當父親失去他在聖地亞哥的航空業工作後，我們不得不告別那棟房子，搬到洛杉磯附近。

就是在那棟沒有顏色的出租屋裡，我領教到了當母親的陰暗面：照顧一個六十五歲的老小孩，也就是我父親。他曾為HL-10設計飛行控制系統，那是NASA第一批太空飛機之一，太空船的前身。但他說自己看不懂洗衣機上的操控面板，以及瓦斯爐、吸塵器、電熨斗上的各種操作鍵。就連最簡單不過的洗衣籃，他都聲稱不知道怎麼用。不管在哪裡，他脫下襪子、襯衫，就隨手扔在地板上。誠心誠意地講，我不相信他這麼做只是為了折磨我。終其一生，總是有女人——他的母親、我的母親——跟在他後面，幫他撿起衣物，再為他做飯。他根本沒想過還有另一種可能性。我們雇不起保姆。有一次，我笨手笨腳地做完飯，有些食材燒焦了，還有些沒熟透，吃起來很噁心。我就問他，為什麼他從來不試試自己下廚，湊合做一頓飯。他回答我說：「男人不做家務。」

十幾歲的孩子如果一心想要快點解脫，就可能染上毒癮。但我有自己的計畫。相比於做家務、照顧嬰兒般無能的成年人，我有更高遠的抱負。母親對我的期待甚至更高；我知道她存了一筆錢讓我讀大學，父親無權動用那個帳戶。也不知是怎麼辦到的，我竟然擠出了足夠的時間編輯校刊，擔任高年級班長，熬過了累死人的游泳隊訓練，完成沒完沒了的家庭作業，最後考上了耶魯，更有如神助的是——耶魯遠在長灘外近五千公里之遙。

去耶魯讀書徹底改變了我的人生。一九七〇年代，很多人眼中的紐黑文無疑象徵了城市病：破破爛爛，罪案頻發，被窮凶極惡的公共住宅區包圍起來。但於我來說，那兒卻恍如彩色電影裡的仙境。我記得，站在黃褐色的哈克尼斯塔樓石牆邊望出去的天空，是明信片上才有的亮藍色。我記得，老校區裡的草地是深綠色的，守衛在萊特樓口的那對獅子是銅綠色的，十月裡到處可見鮮紅的樹葉。我還記得，最喜歡的貝內克圖書館的大理石牆裡泛著橙黃色的燈光。

自母親被診斷出癌症後，我第一次看到了彩虹——完整的、七彩的、壯麗的彩虹。每一天我都努力學習，驚喜地發現自己無需為三餐食譜而費腦筋，無需幫別人洗衣服，也不用蹲在浴室裡刷地板了。因為大學生有醫療福利，我第一次為此事去看了心理師，還有一位神經科醫生、一位眼科醫生。各位專家就我的視力問題進行了探討。他們沒有發現我有生理上的毛病。心理師認為，導致我的視野突然變成黑白兩色的，很可能是急性抑鬱症。

之後的三十五年，我的視野一直保持五彩斑斕，儘管中間略有跌宕。三十五年，涵蓋了事業上的跌倒再爬起，一段持續了十四年的婚姻，一次離婚，還有一次乳房腫瘤切除手術。三十五年，同樣也包括離婚後的我決定和女人約會，還要把這種讓人糊塗的狀況告知某些愛管閒事的親朋好友。三十五年，亦涵蓋了一次從紐約到洛杉磯的長途搬家，那是為了工作。但即便跌入低谷，也沒有哪次墜得那麼深——深得足以剝奪我眼中的色彩。沒有哪件事能讓我有那麼慘重的創傷，直到兩年前，我當時的伴侶單方面決定要收養一個孩子——孩子的生母是從佛羅里達州的某所中學輟學的二十二歲女孩，孩子的親生外婆在二十多歲時就因吸毒過量而身亡。

八年前，我遇到了海倫，我倆一拍即合。為了保護前任的隱私，我就在這裡稱她為海倫吧。對我而言，這種默契並不常有。她很聰明，受過高等教育，幽默，總能把我逗得哈哈大笑。當時我五十歲，她四十一。她本想刪掉某個網站上的自我介紹，但不知怎的就給忘了，結果我回覆了那個帖子。我記得很清楚，標題是〈女高音尋找女中音〉。我的回信署名是「奧克塔維安」，她一看即知我在暗指《玫瑰騎士》（*Der Rosenkavalier*）——我最喜歡的歌劇。經歷過之前各種末日災難般的錯配盲約，我很明白這種默契罕見而珍貴，簡直是上帝的旨意。

海倫對電影、音樂和藝術史都有研究。她曾為電影和電視劇擔任音樂剪輯。我們對很多事物有所共鳴，痴迷於相同的對象。當然，說完全相同也未免誇張。即便是八年前，她就夢想著有朝一日成為母親。我夢想的則是有朝一日獲得出版結算公司[1]的大獎，最好再來一尊諾貝爾獎。談及「夢想」，我總是很輕率，我以為她也是有口無心。但她可不是說說而已。三年前，她開始很認真地要圓夢。我們在很多計畫上合作都很愉

1　出版結算公司（Publishers Clearing House）是美國的一家雜誌促銷集團，經常透過媒體刊登有獎廣告。

快，但突然間工作不再是最重要的事了，頭等重大的新任務是得到一個健康無憂的後代——這實在讓我意興闌珊。

很多童年喪母的女性會在成年後當上母親，一路都很順遂。有些人聲稱，為人母能治癒早年的傷痛。我也想成為那樣的母親。眼看著我的生活裡真的會冒出來一個嬰孩，我只覺得恐懼。但我想自己應該可以咬著牙挺過去，就此成為另一個人，一個更好的人。假想未來時，我眼中的自己並不像父母，而是一位慈祥可親的老阿姨，確保海倫在照顧新生兒的時候能吃得好，偶爾也能好好睡。換尿布、餵奶之類的簡單操作，大概可以讓我和嬰兒建立起聯繫，以至於我最終明白並親身感受到我曾不相信自己會有的依戀感。然而，我的身體卻沒有跟進這種想法，反而拖了我的後腿，每週都給足我十八小時的偏頭痛。後來，身體動用終極武器，一下子就把我打敗了——我眼中的色彩都不見了。身體讓我別無選擇。我不得不回望過去，搞明白自己為什麼無法邁入未來。

哪怕在孩童時代，我就從來沒想過當媽媽。我很討厭洋娃娃，但更討厭真實的娃娃。他們臭臭的，哭得撕心裂肺，還會干擾我最喜歡的消遣——閱讀。上小學時，母親會幫我背誦乘法口訣，幫我寫讀後感。她沒有讀完化學系研究所，也從未講明過原因。

但她很喜歡講解科學知識。做現榨柳橙汁時，她會告訴我（橙子裡的）維生素C和（阿司匹林裡的）乙酰水楊酸的分子結構有何不同，她一心想把我塑造成書呆子，也就是我現在的樣子。她自告奮勇帶領女童軍，為了教我打中棒球，還曾把我扣在後院整整一星期，不讓我逃。她天生就是個運動健將，網球打得很好，她的女兒可不能成為校隊最不想要的選手（結果我成為倒數第二名）。我深愛我的母親，因為她做出了這些嘗試，因為她很關心我。她去世後的那些年月很難熬，但我熬過來了，我知道那是因為我感受過她是如何深愛我的。

在家裡，她謹從教規：「女人最偉大的使命就是成為天主教的妻子和母親。」但我感覺到，她其實很憎惡一九六〇年代的社會習俗：女人就該全職在家當賢妻良母。我三十多歲時，父親把我小時候的芭比娃娃打包寄給我——母親死後，我再也沒有打開過那些盒子，任其塵封在儲藏室裡。就是在那些盒子裡，我發現了母親不幸福的證據。我的芭比世界就像一面明鏡，照出了她的價值觀。她從沒對我講過，婚姻可能是陷阱，但她不肯給我的芭比娃娃買婚紗長裙。她從沒說過自己討厭做家務，但她不肯給我的芭比娃娃買鍋碗瓢盆。她常常掛在嘴邊的話是：「讀書才會有本事。」好像生怕我太笨拙，領會不到這話的含義，她索性給芭比、肯尼和蜜琪買了各自的畢業袍。

我還意識到一點：生小孩是你能想像到的最慘烈的事。人們常說母親會「忘記（生育時的）痛苦」，但我母親沒有。她不太會告訴別人：生我姊姊時，她整整耗了三十六個小時，只是那孩子生下來就有唐氏症，兩星期後就夭折了。但她常常會帶著戲謔的口吻說起生我的故事，似乎是為了和我姊姊出生的故事做強烈對比。一九五五年十一月，直覺告訴她快要生了，她就給婦產科醫生打電話，可是醫生嗤笑了一通，說離預產期還有一個多月呢。結果，沒過多久，我就撲通一聲滑落到廚房地板的油氈布上了。隔壁鄰居立刻跑來幫忙。可惜，那位鄰居太太一看到血和羊水，自己先昏過去了。救護車抵達時，急救人員發現地板上躺著兩個女人，就問：「我們該抬哪一個？」我母親沒有表示過：像我夭折的姊姊那樣有發育障礙的嬰兒本該可以被篩檢出來。她終究不是社工。她只是對我說：「如果主給你考驗，你要勇於挺身接受。」但只有瘋子和傻子才會接受毫無必要的考驗。

做完第一次大腸癌手術後，她只有四十九歲，每天早上，她都帶我去做六點鐘的彌撒。要說誰理應配得上神跡，那就該是她。十二歲的我挺喜歡天主教彌撒的那一套儀式，況且，日常用語中的很多諺語都根植於《舊約》和《新約》。但過了三年，經歷了那麼多手術，她的癌症仍被宣判為無藥可治，我就對上帝發脾氣了。這讓她左右為難。但讓我驚奇的是，她顯然還沒有失去她的信仰。在她去世的前一天，她叫我把耳朵湊到她嘴邊。那時候，一百七十八公分高的她只有三十六公斤左右，渾身上下插滿了導管，身上也滿是淤青。她枯槁的手裡拿著一串碧綠色的念珠，另一隻手握住我的手。「我愛你！」她用粗啞、急促的聲音說出這句話，因為被注射了嗎啡，她幾乎講不出完整的詞句。我強忍淚水。「上帝給了你天賦。要使用它們。還要記得，」她虛弱的聲音越來越輕，「上帝向你顯現過一次大慈悲。在你出生前，祂就把你姊姊帶走了。」

因為我那夭折的姊姊，我對生育之事完全沒有美妙的遐想。正如生命中的大部分事情一樣，生養孩子也像賭博。金融界人士常用「蒙地卡羅法」（Monte Carlo method）來評估投資風險，也就是把風險控制在投資人可以接受的範圍內。NASA沒有哪次發射可以保證零風險，但他們總會選擇在爆炸機率最小的前提下發射火箭。

同樣，當兩個健康的年輕人孕育出一個新生命，新生兒也可能有各種各樣的毛病——哪怕母親在孕期不吸毒、不酗酒、不吸菸。但新生兒也可能很健康。

另一方面，我很清楚癮君子的孩子患病的風險更高。但考慮到我的伴侶是那麼渴望有個孩子——任何人的孩子——我也很想去相信：後天哺育會戰勝先天不良。如果一個孩子沒有基因上的優勢，但能夠在富於關愛和教養的家庭中生活，也會茁壯成長。這個念頭撫慰了我——直到機緣巧合湊在一塊兒，證明事情並不一定如此。

生活中常有些別有寓意的驚人巧合，讓人很難相信宇宙萬物是隨機組合的。就在海倫想方設法收養孩子的一年後，我決定擔任國家圖書獎非虛構類作品的評審。為此，我必須細讀一些本來不用細看，或者一直逃避的書——例如那些關注基因學、孕期生物學最新進展的專著，闡述決定行為方式的基因構造的專著，以及剖析毒品和酒精會對胎兒造成何種致命殺傷力的專著。

這些書令我警覺，迫使我去看那些從來不想去了解的知識，更可怕的是，這些知識一旦你看過就很難拋諸腦後。我知道香菸對懷孕的婦女有壞處，但以前不知道只需微量尼古丁就能導致孩子出現智能障礙，或有攻擊性行為。神經系統專家、犯罪學專家艾德里安．雷恩（Adrian Raine）在《暴力犯罪的大腦檔案》（*The Anatomy of Violence: The Biological Roots of Crime*）一書中寫道：「母親在孕期抽菸不僅對胎兒的大腦發育有不良影響，其後代出現行為失常和攻擊性行為的機率也會增高。」（我們也不得不思考一下：現在我們對抽菸的孕婦頗有異議，但以前——比方說一九六〇年代——不太會有人指摘她們，結果導致了多少無法確診的行為失常案例？）雷恩繼續寫道：「研究結果還顯示出記憶力、選擇性注意力方面的損傷，以及刺激性語言的增多。」更驚人的在後面：「哪怕父母雙方的反社會行為有所收斂，哪怕他們改進了拙劣的養育方式、改掉了其他生理性和社會性的惡習，吸入二手菸仍會導致後代行為失常。」

學者們研究了同卵雙胞胎在不同環境下的成長情況：一個在對其呵護有加、各方面條件都很優渥的家裡長大，另一個則在有虐待和暴力現象的家庭中。結果表明，兩個孩子長大後幾乎是一樣的。決定他們成為什麼樣的人的是基因，而非養育他們的人。北歐的一項調查顯示，所處的家庭環境的不同不會直接導致差異，不僅如此，罪犯的子女長大後也傾向於犯罪。雷恩的書及類似的作品讓我夜不成寐，噩夢連連。在一個無限循環、重複出現的夢境裡，我看到了《暴力犯罪的大腦檔案》書中的一幅插圖：普通的大腦和有酒癮的母親腹中胎兒的大腦的磁振造影對比圖。正常大腦上有線圈和螺紋圖樣，有胎兒酒精症候群的大腦卻像一顆花椰菜。

—

儘管如此，我還是沒有提出分手。我不想變成一個心懷恐懼的膽小鬼，滿腦子都是無法面對卻也無法忽視的知識，甩也甩不掉。我不想用這樣的眼光去看世界。我想透過玫瑰色的、讓人產生希望的紗幕去看世界。我喜歡當某人的伴侶，我們一起燒飯、採購時，日常瑣事也成了新鮮的歷練。我喜歡和伴侶一起看《火線重案組》（*The Wire*）、《怪醫豪斯》（*House*）這類精采的電視劇，邊看邊討論編劇們如何寫出他們想要的效果。我喜歡和伴侶一起寫作，分工合作。

如果我還是二十五歲，那該多好啊！二十五年前，也就是我和前夫結婚那時候，我就很想懷個孩子，但沒有成功。那時，我覺得有親生子女是天經地義的事——讓孩子繼承我的基因，哪怕我的血液裡流淌著強勁的抑鬱，足以奪走他們眼中的色彩。但我已經五十歲了，精力旺盛的年月所剩無多，我最不想要的就是孩子——尤其是一個生下來就可能有身心障礙，甚至比我夭折的姊姊更不健康的孩子。坦承這一點簡直讓我無地自容。

二十一世紀的頭二十年裡，西方流行文化格外關注非傳統家庭——由非異性伴侶擔當父母，或是集體養育，「家人」皆為非血親關係的成年人。要不要收養一個孩子？我不僅猶疑不定，而且一猶豫就會偏頭痛，每週都發作好幾次。看我這樣難受，我的伴侶就提議：我們也可以試試團體撫養。等孩子來到我們中間，我可以住在「辦公室」，那是我名下的一間頂樓公寓，我可以時不時地躲開照料新生兒的繁雜瑣事。她還提議，我們可以聯手一位關係親密的友人，他住得很近，又渴望當父親，這種方式還可以分攤相關費用。

回首當年，我認為自己本該快刀斬亂麻，從這段關係裡脫離出來。我本該聽從自己身體發出的訊號。身體很清楚我是誰，也清楚最真的自我在崩塌之前所能抵達的最遠處在哪裡。但我的頭腦——至少有一部分——卻想要投身於這項社會實驗。我的伴侶和那位積極響應的朋友約好了處理收養事宜的律師，幾個月後，人在西岸的一位生母和他們取得了聯繫。孩子的生父在監獄裡服刑，但我們已經做好了應對這種消息的心理準備。我的伴侶早就說服我了：這種狀況並不少見。這位生母選擇讓我的伴侶來養育她的寶寶，似乎挺開明的，令人敬佩。但和很多有類似處境的生母不同，她已過了二十歲，從未懷過孕，還是社區大學的註冊學生。她很樂意服用產前維他命，接受孕期的毒品和酒精測試。因為她有覺悟，願意盡責，我也就允許自己往最好的方向去想。

接下去的事也不稀奇。那位生母最終決定自己撫養孩子。她沒有毒癮，所以，將初生的女嬰抱在懷裡時，體內迸發出的強烈的催產素讓她無法抵擋。我的伴侶悲痛欲絕——也許我們三個人都一樣。我們已經落實了幻想，決意要為孩子創造「更好的」生活：有充沛的愛（主要來自我的伴侶），還有經濟上的優勢。我們不得不重振旗鼓。

——

你可以說我太過分了——而且我敢肯定會有人這麼說——但在失望過後，確定那位母親會帶走嬰兒時，我卻感到如釋重負。後來的幾個月裡，我們三人救了一條臘腸狗和獵犬生的混種小狗，大部分時間裡，牠住在那個朋友的家裡。我要羞愧地坦承，我曾一度希望小狗能滿足海倫想要當母親的心願。

再後來，那個佛羅里達州的二十二歲孕婦出現了。就連我的心理師都覺得不對勁，要知道，她是那種能在任何事情裡發現正能量的人。那位孕婦自十四歲輟學後，已經生過四胎了。看起來，她自己正撫養其中一、兩個孩子，因為有些人放棄了收養。就私人收養而言，未來的父母要同意支付生母的醫藥費，且不可能退還。儘管這位孕婦在孕期表現良好，產前藥檢沒有顯示出任何上癮的跡象，但對於收養人來說，沒有書面紀錄就該被視為紅色警報。我的伴侶支付了她的一部分基礎藥檢費用。檢查報告出來後，我的伴侶發簡訊跟我說：「沒有愛滋病，沒有肝炎，沒有毒品，」——至少，在檢查的時候是沒有。「她抽菸，不過主要副作用是出生時體重會較輕，但嬰兒很正常。」

看到這些話，我好像被機關槍射中一樣，不禁像胎兒一樣蜷身倒在床上。我的伴侶明明知道我研究過尼古丁對妊娠的影響。我知道的有關產前嗜毒的所有危害，她也全都知道。可當我提醒她時，她卻一笑而過。她還知道休·勞瑞（Hugh Laurie）扮演的豪斯醫生每一集都會講的臺詞：「每個人都撒謊。」癮君子最會說謊。

風險會讓有些人感到刺激。沒理由不刺激。但在一段感情中，雙方對於風險的容忍度應該保持一致。借用《伊索寓言》裡的至理名言：「螞蟻不該嫁給蝗蟲。」我是單調乏味的螞蟻——推遲達成滿足感，虔誠地存錢，謹慎地投資。我的伴侶就是蝗蟲——想要什麼的時候就四處追索，不罷不休，不忌憚未來的危機。

當她從洛杉磯飛去佛羅里達和那位孕婦見面時，簡直充滿鬥志。整件事面臨的風險，以及對成為母親的渴望給她莫大的勇氣。當我回到自己的頂樓公寓後，我覺得被拋棄了——因為我確實是被拋下了。我甚至不想打開電腦查看郵件。暮色依稀，我蜷縮在自己的床上，眼睜睜看著頂樓的天光和色彩漸漸消失。

清晨，太陽升起時，色彩沒有回來。

——

黑白灰的世界，一星期，兩星期。我一直保存著母親臨終前揑在手裡的玉念珠。有時候，我盤腿安坐冥想時會握著它。現在，念珠在我眼裡變成深灰色的了。

說來也怪，我們的關係並沒有結束，只是我開始全身心地投入工作，和學生、同事們在一起，整天泡在我任教的大學裡。關於自己喪失辨色能力這件事，我沒有對任何人透露過。但偏頭痛的問題，想隱藏也隱藏不住。我必須向大家解釋，為什麼時常不去開會。萬幸的是，我不曾為此請假，害得學生們沒課上。

有天晚上，夜課結束了，我終於對一個同事敞開心扉，把這段日子的艱難講給他聽。我們坐在校園附近的美食酒吧裡。「做不到，」我對他說，「讀完那些我從來不想讀的書之後，知道了那些事情之後，我真的做不到。」導致偏頭痛的是對風險的極度焦慮。我們當時有希望收養的第一個嬰兒還挺好，生母有常規藥檢，讓我頗感欣慰，很清楚胎兒不是在充斥著酒精和冰毒的羊水中長大的。但這次情況不同，這位生母沒有長期而全面的完整病歷，也不知道嬰兒的生父是誰。孕婦自己的生母就死於吸毒過量。我絕望地說道：「我也想去相信後天哺育定勝先天不良啊。」

但他沒有安慰我，而是跟我講了一個故事——他親身經歷的事。坦白說，是那種不太輕易講出口的家醜。他是同性戀，非常聰慧，在北卡羅萊納州長大，現在是一位成績斐然的編劇。小時候，家裡到處都是書，他從小就沉浸在音樂和藝術的氛圍中。在他之前還有兩個收養來的大孩子，他們對這些文化資源卻視而不見、聽而不聞。哪怕在學校裡，他們也學不好，對學習壓根沒興趣。但現在，他們都成了某個恐同基督教社群的成員，也因為我的同事——他們的兄弟——是同志，於是他們都斷然和他劃清了界線。

我並不想聽到這種告白。在真實生活中，先天因素真的會像科學文獻中所寫的那樣強大——強大到頑劣的地步。我承認，每一個收養孩子的家庭都有一本難念的經，這只是他家的版本。而且，除了他慷慨與我分享的這部分情節之外，我不知道更多細節。然而，從某種角度說，這恰恰驗證了我一直以來深深懷疑的問題，也恰恰是我當時需要聽到的忠告：我不能假裝維繫這段情感關係了，因為我的另一半刻意而武斷地忽視我的意見。

我和海倫分手了。我的頭不痛了。世界再次恢復了色彩。

結果，海倫並沒有收養到那個直接導致我們關係失和的嬰兒。那個生母決意留下孩子，也可能是透過這種手法再找一家條件更好的收養人。最後，海倫去了一個很遠的州收養到了一個孩子。

我衷心希望這個孩子是健康、快樂的。但我們的關係已無法修補。我逃開了。若我母親在世，或許一眼就能看出來：上帝又一次允許我逃脫折磨。

老掉牙的話，有時就是實話。比方說，養育一個孩子確實需要動用整座村的資源[2]，我的角色就該是導師。學生們都說我是個好老師。我也不只是在私人院校裡替研究生上課。去年夏天，我去一所高中擔任志工老師，給一些成績很好但經濟上有困難的高中生上寫作課。既然他們願意克服困難——家裡從沒人上過大學，甚至家人都不會講英語——我就該幫助他們。我也想過，這個星球應當得到更負責任的治理——要不然，今天的孩子們長大了就無處可住了。所以，我也捐錢給海洋哺乳動物救助中心，做義工。免費教學也好，救助海洋生物也好，都不是什麼大事，但能讓我感覺好一點：面對這個經濟不平等、環境嚴重損害的世界，我不再那麼無助又無力了。

和前任分開後，有個朋友對我說：「要不是童年時經歷了那些悲慘的事情，你肯定會是個好媽媽。」言者無心殘忍，聽者有意清醒：悲慘的事確實發生了，並且把我塑造

2 源自非洲諺語。

成現在的樣子——並不如想像中的那麼完美，缺憾遺憾一大把，過得跌跌撞撞。但我終究是盡力了——走過那個必須熬過的世界，再去求索更美好的天地，哪怕力有未逮。

最難的藝術

The Hardest Art

羅絲瑪莉・馬奧尼
Rosemary Mahoney

二〇〇八年的一天，我在希臘的山間小道上健行，路遇一位騎著騾子下山的農夫。他戴了頂編織草帽，帽簷寬得離譜，在火辣辣的正午驕陽下形成了一處巨大的鐘形遮陰，他渾身上下只有雙腳和握著韁繩的雙手暴露在陽光下。那農夫貌似六十多歲，眼睛藍得像清潔劑的顏色，長鬍子白得像碎冰。一左一右，鬍梢神氣活現、尖尖細細地兩頭翹。他橫坐在騾背上。騾背另一側掛了只裝得滿滿的白色大袋子。

在這種偏僻的小路上撞見我，農夫似乎很驚訝。他喝停騾子，用非正式的日常語問候我。我看他大概比我大二十多歲，就用正式語回覆他：下午好。他打量了我一番，然後開始提問，盡是上了年紀的希臘農夫會問的那種問題：你要去哪兒？

山頂，聖尼古拉斯教堂。

你打哪兒來？

美利堅合眾國。

蒼蠅繞著騾子的左耳朵嗡嗡嗡飛旋。你一個人嗎？他接著問。

你看這條路上除了我還有誰？

農夫哈哈大笑，隨身自帶的鐘形陰影也跟著抖動起來。你結婚了沒？

結了。

結了才怪。但相比於我去過的其他國家，婚姻在希臘特別管用，堪比金鐘罩鐵布衫，能讓你立地成聖，猜忌或冷眼都傷不到你。

你有幾個孩子？

若是平常，為了省時省事，我在這個問題上會繼續撒謊。但我挺喜歡老農夫那張臉，所以講了實話：沒，我沒有孩子。

他聳了聳肩，將棕栗色的雙手舉向高懸在上的日頭，出人意料地用一種兼帶遺憾、同情和順服的溫柔口吻說道：「Όπ θέλει Ο Θεός——反正都是上帝的意願。」

在希臘（我簡直可以說「在整個宇宙裡」），女人不想要孩子就是不正常的、變態的，足以讓人起疑，所以我不可能向他解釋清楚：我沒生孩子和上帝的意願毫無關係，只和我本人的意願有關。身為人類種族中健全的一員，生養既是個體的生物需求，也是必要的職責，如果你主動選擇不生養，逃脫傳宗接代的宗旨，那就是遠離主流。和希臘老人談論這個話題，十有八九是老生常談，還談不出個所以然來，因此我也把雙手舉向天空，說道：「對。上帝的意願。」沒想到，當我問起老農夫是否有子嗣時，他的回答也是：沒有。他的理由是：我一直沒娶到老婆。

我們道別前，我問老農夫，袋子裡裝的是什麼？

「Mizithra[1]。」他說。山羊奶酪。

「你自己做的嗎？」

他咧嘴一笑，又細又翹的鬍梢都快戳到凸起的顴骨了。他朝四周的麥田和橄欖樹園攤開雙手：「你看這兒除了我還有誰？」

我們哈哈大笑，然後各走各路。

1 Mizithra是希臘的一種風味獨特的奶酪，由經過巴氏殺菌的綿羊或山羊奶或兩者和乳清的混合物製成。

我決定不要孩子，是一段經過漫長而曲折、時而憂慮重重的探尋才得出的最終結果；在這段過程裡，我差一點就和別的女人一樣生兒育女。大半輩子裡，我始終堅信自己會有孩子。年輕時，我常做白日夢，幻想自己的孩子會有怎樣的面容，那種想像太美妙了，簡直讓我欲罷不能，但最終發現自己其實已和那些面容失之交臂。我決意投身寫作，這種職業需要無數次的跨國旅行，隨之而來的工作繁多而又耗時，忙完後也剩不了多少時間去做別的事——即便如此，我依然確信自己將來會有孩子。我也一直在揣測：該如何把這種確鑿的信念轉變為現實？也反覆想過：像我這樣習慣孤獨，過於敏感，缺乏耐心，偏執頑固，容易受傷，愛走極端路線的人，該如何當好母親？我以前的想法是：船到橋頭自然直。

三十七歲那年，我偶然讀到一篇文章，其中羅列的數據證明女性的生育能力會在三十五歲以後急遽下降，那讓我緊張起來，又急躁又焦慮。那時，我和我愛的男人住在一起。我們從沒討論過生孩子的事，但事實上我們都盡力避免懷孕。當我開始提起這件事了，他卻避之唯恐不及。他還沒做好準備。他不確定自己到底想不想有孩子。為了安慰我，他會說「快了」，但幾個月過後，他還是無法做出決定。就這樣，兩年過去了，我意識到，他的拖拖拉拉其實就是在消極地要求我做出選擇：要麼是他，要麼是我的生養機會。他有權讓我來選。但他沒有權利唬弄我，就當沒這回事。我覺得那是極不尊重我的表現。熬到最後，我要求他給我一個明確的答覆，但我得到的卻是更多的藉口、更明顯的逃避，我氣急了就打了他一巴掌，打得自己的手都麻了。感覺真的很爽，但只維持了十秒鐘，之後我就覺得自己蠢到家了。事情變成這樣，也要怪我自己。我太投入工作了，任由歲月飛逝，根本沒有正經地考慮過懷孕的事，更要命的是，也沒有想過養育子女需要做好什麼準備。和他一樣，我也會用「快了」這樣的回答來敷衍自己。

那個男人和我分手了，分手這種事總會比你預想的要慢——分分合合好幾個月，公開宣稱情事已了，之後一段時日不再來往，然後復合，共度的那幾夜比之前任何時候都美好，最後慢慢走向真正的終點，雙方明白一切都已結束。等我們徹底分手了，我立刻就知道，遇到我會再次深愛，而且和我一樣著急要孩子的男人的機率相當相當低。我把女人獨自生養的各種可能性都琢磨了一番，最後在四十歲那年走進了代理國內精子銀行的一家波士頓診所，參加了一場介紹會。一屋子十八個女人中間，我年齡最大。在場的人大多數是單身，還有兩位是因為丈夫的精子數太少。我們聽取了一系列數據和案例分析，在某些會讓我們遲疑的問題上也得到了非常直截了當的回答。只有百分之十二超過四十歲的女性採用冷凍精子技術成功受孕。隨著年紀增長，女性卵子外膜會變厚，精子穿透這層外膜就更難。在這家機構操作的所有成功受孕案例中，年紀最大的女性是四十三歲，但那屬於特例。不，捐精者不是無家可歸的流浪漢。大多數是在念研究所的學生，以期自食其力完成學業。是的，所有捐精者都進行了徹底檢查：身體、基因、病史，所以真的無需擔心。

我想像來捐精的男性，也就是我在波士頓街頭經常看到的研究生們。這座城裡到處都是學生——成群結隊的麻省理工生，臉上密布的青春痘像星雲爆炸，幾天沒洗的長劉海油膩膩地垂掛在厚眼鏡片前，那些年輕人的心思全花在科學天賦上了，導致他們在與人交流時愚笨不堪。我想要他們中的一員成為我孩子的父親嗎？撇開收益不談，那些大男孩到底出於什麼樣的初衷來捐精呢？噴射大量精液後，他們永遠也不會知道會從中滋生出多少孩子，這麼做只是為了幾十美元，他們怎麼不覺得彆扭呢？滿不在乎，肆意揮霍自己的基因，不管不顧——在我想來，這就是他們最讓人不滿的地方。

我自己呢？我不可能放棄自己的孩子，一個都不肯，別說幾十個了。我們在會上得知，每一個捐精者都受到數量上的制約：一個男人透過合法授精讓別人受孕成功的總數不能超過二十例。在美國的部分州，如果捐精者已經在當地讓太多女性受孕，他就會被禁止出售精子。原因不言自明：你在某個地區有很多匿名的兒女，他們很可能在數學課上相遇、相愛，最後不知不覺地進入婚姻。這種事很可能發生，哪怕生父對此一無所知。

我前面說過，我這個人沒耐心，一丁點兒都沒有。我非常厭煩繁縟的人工授精步驟，那些必須預約，也必須忍受的體檢，在精子銀行掛號登記，挑選捐精者，會診諮詢，驗血，為一小瓶精液付四百美元——而那大概是世界上最廉價的、大多數男人都樂於免費發放的東西——之後三個月裡，我每天早上都要測體溫，算準排卵日期，等待結果。毫無人情味且繁瑣的醫學步驟累積成山。一想到要完成這麼多手續，我就痛恨無比。但我要爭取一次機會。我想，總歸要爭取把自己的孩子帶到這個世界上，如果連試都不試，我很難走好未來之路。

我開始研究捐精者的資料，有些問題下面的手寫答案非常詳細深入，仔細看完至少要半小時。我可以知道捐精者的身高、體重、頭髮顏色、種族、兄弟姊妹的數量、自己的病史、所有已知親屬的病史、職業、教育程度、大學入學考試分數……許多人的坦誠讓我詫異。有位捐精者承認他有陰蝨，還有一位男士已婚並有三個孩子，還有一位經歷過創傷後抑鬱，目前自認「還行」，還有一位的姊姊「智力低下」，還有一位的父親死於西班牙內戰，還有一位的母親死於捕獵時發生的「意外」，還有一位的父親嗑藥成癮，還有一位的弟弟出生四小時後即夭折，還有一位罹患癌症，還有一位是高度近視，還有一位年輕時曾因酒駕入獄，還有一位是保全，顯然他不太會拼寫。

有些候選人讓我感興趣的是他們的家族故事，還有一些純粹是因為他們自身。我不相信那些聲稱自己家族內的所有成員在各方面都沒有問題的捐精者，瞥一眼就棄置一旁。我反而相信那些坦承自己用過藥物、高度近視、牙齒不好，有過自殺行為，或者有較高患糖尿病風險的人。我知道最健康的孩子來自最寬泛的基因組合，所以我也會放棄那些與我種族近似的候選人：所有愛爾蘭人，大部分英格蘭人和蘇格蘭人，還有好些膚色蒼白的北歐男人。我深知藝術家的日子難過，所以我傾向選擇科學家、數學家，也就是受教育程度最高的捐精者。我仔細閱讀他們親手寫的簡介。如果寫得不好，這個人的所有資料都會被我歸入「不接受」的行列。

選擇範圍逐漸縮小，最後我選定了一位。一個一百八十二公分高、藍眼睛的伊朗裔美國人。他在舊金山附近的某個銅管樂交響樂團裡吹小號，還在史丹佛大學獲得了核子物理學的博士學位，整個家族看起來很健康——最棒的是，他的自我介紹文章寫得很好，有想法，很機智。我買了一小瓶他的精液，接著又開始琢磨：我怎麼才能確定送到我家的精液就是他的呢？萬一我收到的不是伊朗裔的，而是我根本沒有訂購的蒙古人的精子呢？（順便廣而告之：我所支付的四百美元不能退款。）

整個過程差強人意，我很不喜歡那種盲目順從的恍惚感，好像失去了自主能力，連懷疑都是含糊的。一切都太不真實。懷孕本該是自然發生的，水乳交融，不用費力，但我捨近求遠，用了最麻煩的方法。當然，我已經讓自己走到這一步了，最終也要強迫自己去思考該如何單身撫養孩子。

菲利普・拉金[2]言之鑿鑿，他不喜歡小孩，因為「他們吵，他們髒，他們愛吹噓，他們愛頂嘴，他們殘忍，他們愚蠢」。我也一樣，孩子身上的這些特點我統統不喜歡。（難道有人喜歡？）孩子會是頑劣、瘋癲、讓人難以忍受的小混蛋。但我還是愛孩子的。我愛他們——尤其是小不點們——愛他們情緒起伏自如，喜怒哀樂溢於言表，你一眼就能看穿。他們不會欺瞞也不會使詐，不會刻意掩飾自己的感受。用不了多久，你就能看清他們的真面目。

我很喜歡一個三歲半的小男孩，他叫納特。我去他家拜訪他父母時，他會跑到門口來說：「羅絲，你願意陪我玩一會兒嗎？」我基本上都願意。我倆噔噔噔跑到二樓他父母的臥室去看《彩虹小馬》（*My Little Pony*）——這檔兒童電視節目在主題上沒什麼獨特性，但畫面要比《天線寶寶》更加多姿多彩。主角是一群粉蠟筆畫的卡通小馬，馬背上有翅膀。牠們飛起來的時候輕飄飄的，可以懸停在空中浮上浮下，頗有旋轉木馬的迷幻氣息。按照納特的要求，我坐在床上看。他緊靠著我站著，懷抱一隻娃娃——仿照劇中小馬做的絨毛玩偶。他告訴我，手中的小馬名叫「宇宙公主」。公主的毛髮顏色和質感都很像棉花糖。她的身體緊緊包裹在亮晶晶、有內襯的布料裡，很像太空人的衣服。

納特說：「她有一隻獨角獸的角。」

確實有。像尖頭的歐洲蘿蔔從她的前額伸出來。我說：「噢！原來她是獨角獸。」

「不，她是小馬。」

「但這裡有些小馬有角呀。」

「是有，羅絲，」聽他那口氣，好像我還有救，「是獨角獸的角。」

「所以囉，他們就是獨角獸。」

那張又嫩又滑的小臉蛋拉長了，不高興了。他朝我逼近一步，眉頭緊皺，分明是在警告：愚昧的我缺乏理解力，即將毀掉他的美妙夜晚。「不對！他們都是小——馬！」他瞪大眼睛的方式預示著淚水即將衝破堤壩。我立刻投降。「那好吧。我懂了。他們是長著獨角獸的角的馬。」

瞬間平息下來的納特回過頭去盯著電視看，彷彿被催眠了一樣目不轉睛，魂都被勾

---

2 菲利普．拉金（Philip Larkin，1922-1985），英國詩人，爵士樂評論家。被公認為繼T．S．艾略特之後二十世紀最有影響力的英國詩人。著有詩集《北船》（*The North Ship*）、《被騙得比較少的》（*The Less Deceived*）、《聖靈降臨節的婚禮》（*The Whitsun Weddings*）和《高窗》（*High Windows*）。

走了。一群小馬慢悠悠地走過罌粟花海，他開始把牠們的名字一一告訴我：「紫悅」、「珍奇」、「藍血王子」。我漸漸搞明白了，頭上長角的那些小馬不會飛。「那是『彩帶心願』，」納特接著介紹，「她哥哥是『昏暗閃電』……」

厭倦感說來就來。《彩虹小馬》只能讓一個有理智的成年人忍受到這個程度。等了好半天，我覺得已經很給他面子了，就站了起來，提議我們帶著宇宙公主下樓，去廚房找他爸爸媽媽玩。「不行，羅絲！」他尖叫一聲，跳到床上使勁亂跳，「不許走！陪我看《彩虹小馬》嘛！」他又跳到地板上，抓住我的手，把我拉回床上，我剛坐下來，他就立刻用一隻胳膊勾住我的脖頸，三分像擁抱，七分倒像擒拿術。他的呼吸噴在我的鼻頭。為了把我留在那裡，他已經用盡招數，巴不得能和別人分享他喜歡的東西。

「看，羅絲，看啊！那是『貝兒』！看到沒？看啊看啊，羅絲！還有『胡言』和『亂語』，還有『月亮公主』和『落日霞光』，還有……」

那種瘋狂的喋喋不休是為了把我牢牢地扣留在房間裡。這讓我想起讀過的一段話，最早讀到的時候，我就被那種強烈的真實感震懾住了。著名作家納撒尼爾．霍桑[3]在日記中描述了妻子蘇菲亞有事外出的兩週內，他如何獨自照顧五歲的兒子，結果把自己搞得精疲力竭：

大男孩正騎在木馬上來回搖擺，還用極快的語速和我說話，再快一點他的舌頭就要打結了。可憐的我啊，有哪個男人曾像我這樣，被小孩的言語頻頻擊中，無處可逃！在他喋喋不休的胡言亂語的最深處，藏著他企盼得到理解和關懷的渴望。他期望他的喜悅也能抵達他朋友的心田，從而豐富他自己享受到的一切。

誰能怪他呢？不管是孩子還是大人，都想與朋友——懂得關心自己的見證人——分享並豐富自己的體驗，我們都渴望如此。我們都希望別人說：「你喜歡的那樣東西太好玩、太值得了，我也必須喜歡上它。」孩子們的需求、渴望和成年人的需求、渴望沒有太大不同；唯一真正的區別在於孩子們還沒有被完全制約，不像成年人那樣。孩子們還不用被迫去適應環境，去跟隨主流，去規範自己的一言一行。他們還沒有學會羞恥於自

3 納撒尼爾．霍桑（Nathaniel Hawthorne，1804-1864），美國著名浪漫主義小說家和心理小說家。代表作為《紅字》（*The Scarlet Letter*），曾多次被改編為戲劇、音樂劇、電影。

己的真情實感，壓抑自己的自然表達，克制驕傲，掩飾真相。他們還沒有學會始終偽裝成逆來順受的模樣，以便在這世上暢行無阻，哪怕明明感受到了一切，卻裝得好像沒啥感覺。他們打骨子裡就愛撒謊，但也有無邪的坦誠。五歲的孩子走進教室，對他的老師說：「史密斯夫人，你的臉為什麼那麼扁呢？」他的問題是天真的、直接的，但也不太懂事。史密斯夫人的臉是不太有立體感，小男孩想知道為什麼，但還沒有學會世故，面對她那引人注目、甚至有點不討人——或者說「討他」喜歡的相貌，藏好他的好奇心和真實感受。如果史密斯夫人反應夠快，她就會說：「哎呀，吉米，我們都要接受與生俱來的相貌。」然後，在片刻停頓中，她會用犀利的眼光打量他的臉，再補一句：就連你也要！於是，吉米的小臉蛋就會垮下來，因為他被迫察覺到一個事實：別人也可以像他評價史密斯夫人的臉孔一樣，對他的相貌說三道四。如果他像別的孩子那樣，就會緊張兮兮地跑到離他最近的鏡子前，只為了看看別人到底會從他臉上看到什麼。別人會接受他的相貌嗎？他安全嗎？這張臉能充分代表他是誰嗎？不安全感、不確定感、自我意識……與全世界為敵的這場仗要打足一輩子，就在這時開火了。人不得不屈服或克制自己的意願，以屈從社會的意願，世界就是這樣構成的——人們也是在童年時期就獲得對世界的這種朦朧的理解。這就是我喜愛孩子的原因：我同情他們。這也是我沒有孩子的主要原因。我在童年時期就發現社會的意願太沉重了，難以承受，所以格外同情在進退兩難中受苦的孩子們。

我在很多方面都很強悍，但一碰到孩子和他們的苦痛，我就頓時變弱了。看到我喜歡的孩子在受苦，我根本受不了。每當看到十幾歲的外甥女和外甥們因侮辱、怠慢或拒絕而哭泣時，我都會在幾秒之內感到那種痛苦從冷到熱再變冷。特別難受的無助感，還夾雜著我自知永遠無法付諸行動的責任感。我常問我的兄弟姊妹，他們怎麼能讓自己的小孩清晨獨自去上學？這世上到處都有惡棍和戀童癖、爛醉的司機，甚至邊開車邊亂開槍的傢伙啊。如果是我，必須等我的孩子滿三十歲、戴好頭盔，我才肯放他獨自出門。不管他去哪兒，我必須跟著他，充當保鏢，擋開一切可能傷害他、讓他受苦的玩意兒。他所面臨的危機會讓我抓狂，不惜對他過度保護。我擔心我會就此毀了他，也毀了我自己。有一天，我讀國小五年級的外甥（他明白自己的性取向，但仍會極力掩飾，不想讓外人知道）淚眼婆娑地回到家，因為他班上有幾個男生尾隨他回家，一路朝他扔石頭，罵他「基佬」。我姊姊是個高大、強壯的女人，充滿正義感，她問兒子是哪個男生帶頭做這種欺負人的壞事。我外甥剛說出那個男生的名字，她就跳進車裡，衝到他家門口，按響門鈴。開門的正是那個男生，她說：「嗨，巴比。你媽媽在家嗎？」巴比說不，他媽媽現在不在家。我老姊本打算用符合社交規範的方式將此事告知巴比的媽媽，但這時候索性採用了位列第二的最佳方案。她揪住巴比的襯衫衣領，死命地搖晃起來，保管他此生難忘。幾顆鈕扣順勢彈落，那男孩的牙齒上下打顫，棒球帽飛離腦袋。她停下來，用食指指著他，只差一公分就戳到他顫抖的嘴唇了，然後大吼一聲：「看你還敢不敢再欺負我兒子！」

在我想來，這種懲罰簡直弱爆了。如果有人騷擾、嘲笑我的兒子，我恐怕會以牙還牙，讓巴比這樣的人在亂石陣中痛不欲生。雖然這種想法本身是很過分的，非常不對，但時隔二十年，我還會偶爾產生衝動，想撿塊石頭去扔那個壞小子。

孩子很快就能明白，他們可以，但只能從父母那裡得到無條件的愛。為了反覆證明那種愛可以讓他們安全無憂，他們會試探、施壓、權衡，以身試法去驗證那種愛是否可靠。父母是他們唯一可以對抗、騷擾的對象，再怎麼鬧，哪怕天天鬧，都不至於得到最後通牒：你給我滾下地獄，再也別回來。我哥哥有個四歲的兒子，他對小孩子的行為方式困惑不解，曾咬牙切齒地對我說過一次：「有時候你真想抓條鞭子，在自己孩子的臉上抽一下。」他眼看著兒子穿著昂貴的新校鞋淌水涉過納拉甘賽特灣，哪怕爸媽告誡他不下六次：別那麼做，否則新鞋就廢了。那個念頭瞬間閃過之後，他又說：「不過，你不會打他的。這是當然啦。你太愛他們了。你不得不愛，不管他們做了什麼壞事。這一切都是演化機制定好的。」

當我在人工授精之路上越陷越深的時候，我開始意識到，讓自己擔憂的正是那種不可避免的、盲從的、由演化機制決定的奉獻。我很清楚自己無力反抗。我肯定會變成——說出來真不怕丟臉——徹底的奴隸。我會變成自己孩子的受害者，反過來，他也將是我的犧牲品。霍桑的妻子蘇菲亞曾詳細列舉善育子女的父母所需的素質：「無限的耐心、無限的溫柔、無限的寬宏——少一點都不行，而我們必須在有限的能力所及範圍內鍛鍊這些品質。」她說得對，毫無疑問，但她界定的無異於超人狀態。我知道，有些人真的可以達到這種高度。我也知道自己不行。我連成為半個超人都做不到。我太敏感，太緊張。再小的瑣事都可以讓我幾天不安穩。我是那種有過量的時間用於獨處且故意為之的人，因為與他人太頻繁的交往會讓我不安。只要屋子裡還有別人，我就不可能安心工作。我的注意力很容易被分散，所以也很容易閉門謝客，宅到天荒地老。

說這些，聽起來有點矯情，孩子氣，太任性。但事實恰恰相反，相信我。這是一份告解，來自一個有充分自我認知的沮喪的成年人。我絕不可能對自己的孩子說：「我坐在書桌旁了，你出去兩星期吧。」（事實上，連「出去兩小時」這樣的話我都覺得難以啟齒。）在我看來，為了成全個人的抱負或渴望而撒手不管孩子——像很多父親（以及不少母親）所做的那樣——就等於犯下了最惡劣的罪過。把孩子帶到這世上的人有責任給孩子一切，把孩子列在第一位。

——

我剛過完四十一歲生日不久，有一天，我的醫生打了通電話給我，我當時正好在開車，要去接外甥女放學回家。我懷孕了。我把車子停在馬路正中間，就為了聽她講話。她再三勸我相信那是事實：「嘿，克服萬重阻礙，你贏了！」突然之間，我傻住了。懷孕？那意味著什麼？我試圖去揣測那些贏了樂透彩的人會有什麼感受——這麼大的幸運砸到頭上，豈不是嚇傻了？簡直沒辦法接受，更不能確定未來的生活會發生多大的變化。費了那麼多周折，耗了那麼多時間，不就是為了懷上嗎？別人肯定認為我早就準備好了。但我沒有。第一天，我樂得忘乎所以，滿懷期待地在家裡走來走去，那期待如在霧中，朦朧又令人雀躍。但第二天我卻在驚恐中醒來，起床後凝望窗外，對街就是一所小學，我心想：這是超級大錯。但過了一天，我又興奮得難以自持，差點就把這消息告訴每一個陌生人了。可是到了隔天，我又開始恐懼。

就這樣持續了幾週，從狂喜到驚恐，我對懷孕這件事的反應起起落落。我去診所做常規體檢，醫生問我要不要聽胎兒的心跳——我好驚訝，這才意識到那麼早就能聽到心跳了。我戴上聽診器，真的聽到愛爾蘭和伊朗的混血胎兒發出低沉而又生機勃勃的心跳聲時，腦袋不自覺地後仰了一下。咚咚咚的聲音又脆弱又快速，就像士兵的軍靴目標明確地踏在木橋上。我被嚇了一跳，接著領悟到：不比一顆核桃大多少的小胎兒是那麼拼命地要活下去。這讓我深愛他，也前所未有地激動。

然而，第二天，我的興奮感又不見了。我擔憂、懷疑、焦慮，一整天都處在淚崩的臨界點。但現在，孩子已是那麼真實的存在，我漸漸想明白了，雖然比我糟糕一百倍的人都當上母親了，但我還是不能勝任養育孩子的重責，更不用說只能靠我自己。日子一天天過去，我始終在幸福和恐懼的兩極劇烈搖擺。熬過了十三週，我卻流產了。我心中產生了巨大的失落感。所有堪稱奇跡的基因生物醫學手段本該締造出一個個性鮮明的小生物，竟這樣夭折了。我覺得，這絕不亞於一整個宇宙的終結消失，同等的悲劇，同等的重大。這件事讓我好多天痛心疾首。但當醫生終於用熱情洋溢的口吻來問我，要不要再試一次？我仍萬分確定地說了「不」。非要等到差一點就和自己的孩子面對面了，我才終於明白：我不想也不相信我能成為任何人的母親。

但願我能更鎮定，但我不可能是別人，我只能是我。生命是如此複雜，變幻莫測，一輩子眨眼就過去，很難有真正完整的體驗，而這恰恰是因為生命中充滿了千萬種選擇，千萬種樣貌。我決意用自己的方式過好餘生，哪怕極端，哪怕不平衡，我的孩子也不用忍受我的神經過敏和萬般憂慮了。

我認為，為人父母是最高級的藝術，也是最難的藝術。擅長此道的人寥寥無幾。當我意識到那天在診所裡聽到的無畏踏過木橋的足音，也許有一天真的經過我身邊時，我曾有過清晰無比、轉瞬即逝的預見：我必會有不可遏制的渴望，想把那孩子永遠留在我的臂彎裡，讓他根本不用走一步路。我不可能知道，假如我當初堅持下去而最終得到一個孩子，結果會怎樣。但我現在五十三歲了，我知道的是：當我獨自走上山間小路的時候，我沒有任何遺憾。

只當阿姨
Just an Aunt

艾莉特・霍特
Elliott Holt

去州立精神科醫院的時候，你該穿什麼？探訪者指南上這樣回答：穿著不能太暴露，不要有涉嫌暴力或淫穢畫面的服飾。我穿的是黑色燈芯絨長褲和中性的灰色毛衣。黑色帆布鞋。沒戴耳環，沒塗口紅。我把頭髮編成了一條長辮。這是一個冬天的傍晚，還沒到六點，卻早就沒有日光了。在第一道門崗，要我出示身分證的保全有俄羅斯口音。「*Gavorite po-russki?*（你說俄語嗎？）」我把駕照遞過去的時候用俄語問道。他的眼神一亮，「*Da*（是啊）。」接著，他用母語向我解說去醫院該怎麼走：右轉，沿著茱萸路直行——對一條陰森又偏僻的車道來說，這個路名真是太美好了——然後經過第二道門崗之後，前面就是新建住院大樓的黃銅色正門口。到了櫃檯接待處，迎接我的是個熱情爽朗的女人。我來這裡是擔任一個女性寫作社團的志工老師。「很抱歉我遲到了，」我說，「剛才有點迷路。」有一個佩帶武器的保全帶著善解人意的笑容說：「你不會想在阿拉巴馬大道迷路的。」我熱絡地附和說：「沒錯，我才不想呢。」聖伊麗莎白精神科醫院在阿拉巴馬大道東南端，位於安娜科蒂亞河的另一頭，而我所熟悉的華盛頓在河的這一側。我是在華盛頓特區的西北部長大的，住在這個綠樹成蔭、豪宅隱密的區域裡的大多是白人和富人。相形之下，東南部這一帶簡直像另一個城市。保全揮手示意我通過金屬探測儀，還打開了我的背包。不過，這感覺並不像是機場裡的安檢。這裡的保全人員都很熱情，開著玩笑，很快就和我有說有笑了。也許是因為他們意識到我很緊張吧，或者，他們只是想提醒我：我們都是清醒的正常人。他們的言外之意似乎是：我們和裡面那些人可不一樣。

這個醫院裡的很多病人都屬於NGBRI：因為精神障礙而被判無罪的人[1]。他們有人格障礙和精神錯亂的病史。他們住在這裡，是因為他們對自己和他人都有潛在的危險。我是和住在裡面的那些人不一樣，但我也有複雜的精神病史，正因為這一點，我才會來此擔當富有好奇心和同情心的志工。我從來沒有發過瘋，也從沒遭受過脫離現實的妄想或幻覺的折磨。然而，長久以來，陰鬱的情緒一直讓我精神不振，切實的恐懼讓我動彈不得。

我這一生已經歷過好幾次嚴重的抑鬱，最近的一次發作了將近兩年，特別駭人。

我沒有孩子，這並不算是三思而行的後果，更像是崩潰後的結局。我三十六歲時，也就是生育能力日趨衰退時，也就是該把生兒育女——如果我真的想要孩子，就必須把握時間，不管是與伴侶攜手還是獨自一人生養——放在第一位的時候，我卻陷入了極深、極深的抑鬱情緒中。現在，沒有孩子這一點讓我非常寬慰。最近，我要照料剛出生的小外甥，試著推嬰兒車慢跑，結果發現這樣跑步非常彆扭，只能很慢、很慢地跑，讓我發誓以後再也不這麼做了。我不希望孩子們妨礙我快跑時的箭步——或任何別的事物。每當有人問我為什麼沒有孩子，有時我這樣回答：「我四十歲了，那艘船早就開走了。」有時又那樣回答：「我專心致志造書，而不是造人。」有時也會這樣說：「養大一個孩子，我一個人承擔不了。」這些回答都是實話，但也都是以偏概全罷了。

1 NGBRI是「not guilty by reason of insanity」的縮寫。

三十歲出頭時，我以為自己是想要孩子的。大多數朋友都在生孩子。（二〇〇六年到二〇一〇年間，我主辦過五場產前派對，參加過至少二十五場。我花了好幾千美元去買那些迷人的小衣服、可愛的小玩具。）眼看著朋友們結婚生子，而我依然單身無子，這讓我覺得自己很像是外國交換生：我聽得懂那些為人父母的或是長期同居的伴侶們在說什麼，但那些話顯然不是我的母語，我要費點勁才跟得上他們談話的內容。「有孩子會讓你對未來有想像。」有個朋友曾這樣跟我說，帶著些許自命不凡的口吻，在他看來，我擔憂的都是小問題。但不只是他讓我覺得自己沒孩子就像是有人格缺陷。我可以感受到生養的壓力從四面八方向我襲來，更糟的是，偏偏我又住在布魯克林的公園坡地區——生兒育女簡直是這個街區的招牌特色。

我猜想，我會成為一個好母親的。我是家裡的老大，一直在照顧妹妹們。我教小妹妹認字、騎腳踏車。七年前，我的第一個外甥女出生時，我就在病房裡，目睹她滑溜溜地來到這個世界激發出我所有母性本能。當時我三十一歲，一個月後，我和男朋友分手了，就是因為他不想要孩子。

我是個很盡職的阿姨。現在，我有三個外甥女和一個外甥。我換過很多紙尿布，講過很多睡前故事。我參加過學校的家長會，也為了包聖誕禮物而熬過夜。我幫外甥女們正確讀出課本裡的新單詞，也提醒她們吃東西時要閉起雙唇。外甥女們很依賴我，要我安慰，要我解答，好像我是她們父母之外的第三個家長。但當我陷入寫作的緊要關頭時，我不必非得停下工作去照顧孩子。我在書桌前一口氣忙碌十二個小時也不必向任何人道歉。（手中握筆時，我覺得自己最像真正的自己。）當我擔心入不敷出時——和大多數我認識的寫作者一樣，我總在擔心錢不夠，也總想找更多的撰稿工作來做——也很清楚自己財務不自由、不穩定的事實不會害孩子們吃苦。我不用負擔學費或去小兒科看病的帳單。我可以不帶一絲罪惡感地離開一個月，去參加藝術家駐校計畫或藝術家鄉間聚會。只需要用心創作的藝術家是最自由自在的。但最重要的是：如果我的抑鬱症再次嚴重發作，我也不會傷害到哪個孩子。至今為止的每一次抑鬱，我都熬過來了。但萬一以後抑鬱到了一個臨界點，我實在難以忍受精神上的痛楚了，那該如何是好？

「我的診斷結果是什麼？」去年我這樣問過我的心理師。這麼多年來，我一直害怕問出這個問題。我看過很多心理諮商師和心理醫生。所有醫生都會在健保帳單上寫一個符號，代表一種診斷。但我從沒想過去問清楚：那些符號到底是什麼意思。十幾歲時，有個醫生診斷我為「焦慮／抑鬱」。我幻想自己盤旋在那個斜槓符號上——在憂慮和憂鬱之間的一道游移不定的界線。但在其後的那些年裡，我一直不願追根究底地去問那個診斷是否依然成立。我知道自己很焦慮，並有抑鬱傾向，但我總擔心自己腦海深處還潛伏著更惡劣的病根。老天保佑，萬一我有人格障礙，而且對此不自知呢？醫生給我的回答是：「情緒抑鬱，伴有適應障礙症狀。」簡而言之就是，我不太適應改變。醫生還說，考慮到我童年時期家庭生活缺乏穩定性，這些症狀是合情合理的。我需要讓自己的生活穩定恆一。至於情緒上的障礙，我的情況還算好。「你認為自己有精神疾病嗎？」我的醫生曾經這樣問過我。我反問他：「你認為我有精神疾病嗎？」他的回答是：「不。」（這個答案對我而言可說是大新聞，但話說回來，給我下最壞評語的人總是我自己。）但我缺乏應對變化所需的韌性。搬家、分手和生活中別的變化，都可能導致我的抑鬱發作。

我經歷過的最嚴重的一次抑鬱是由分手引起的。我無法解釋為什麼偏偏是那段感情的終結讓我那麼痛苦。有部分原因在於：我縱容自己堅信和那個男人會有未來。他總是口口聲聲地說「等我們結婚了……」或是「和你生個孩子肯定會有美妙的驚喜」。但和他分手也是致命的，因為我不僅失去了他，也在很大程度上失去了自我。那段愛情滋養了我的自我——從沒有人像他那樣主動地追求過我，或者說，那樣渴望得到我——但當這段感情像十四個月前突然開始那樣，突然走到盡頭時，我只覺得被壓垮了、被拋棄了。我也覺得備受羞辱。我們的關係崩裂，有部分原因在於我做夢都想結婚成家，生兒育女；而他已經有一個孩子了，正在辦理離婚手續，對我的兩大夢想都不感興趣，這也是可以理解的。我有不切實際的期待，但這不是他的錯。當時我快三十七歲了，很清楚自己如果想要為人母，已沒多少時間可以浪費了。可是，當他提出分手時，我感覺自己墜入了無盡深淵，根本沒把握還能不能把自己救出來。

現在我明白了，當時熬過的痛苦只能用「神經緊張到崩潰」來形容。我就是緊張——緊張到了食不下嚥的地步，體重一下子少了近十公斤——也確實崩潰了。崩潰的不止是我的心，儘管那是裂縫的源頭之所在。崩壞的還有我的腦。我無法清晰地思考，無法入睡。我很確定自己活該接受這種懲罰。他當然要離開我啦，我這樣想。他明明可以找到精神狀態更穩定、神采更飛揚的伴侶，為什麼還要跟我在一起呢？到了夜裡，我經常會吞下醫生開給我的安眠藥，希望自己一覺睡過去，再也不要醒來。我沮喪至極，睡覺前甚至無法下床去刷牙。讓牙都爛光好了，我就是這樣想的。反正我都不在乎了。我常常夢到身體逐漸敗壞的徵兆：自己的牙齒碎裂並掉落。

那段日子裡，我常常泡熱水澡。我會隨手拿本書——書始終是我最可信賴的夥伴——浸到貓腳浴缸裡去。看書，直到熱水變溫，再把書扔到地板上，然後細數自己的罪過。我仰面朝天，任頭髮像海草一樣散開。悶到水下時，我假想自己在游泳——我的泳技高超，哪怕在大海裡也游得很好——但總會有念頭閃過，意識到我這樣做很容易溺斃。我可以就此放手。讓體內充滿水，脹得發青。

維吉尼亞．吳爾芙在自殺前的遺書中寫道：「我敢肯定我的病又要發作了。我覺得我們無法再多承受一次那種痛苦的經歷。這次我好不了了。我開始出現幻聽，而且沒有辦法集中注意力。所以，我將做我認為是最好的事情。」每次讀到這段話，我都為吳爾芙沒有孩子而感到慶幸。（她和我一樣，是個寵愛晚輩的阿姨。）但我也很慶幸自己不曾有過幻聽。我願意從這個角度去想：我的痛苦並未演化為瘋狂，哪怕好多次我都覺得自己快瘋了——失去清晰且專注的意識。而且，在那段最黑暗的抑鬱時期，會有好多天——事實上乃至幾個月——我覺得日子變得太可怕，導致我完全能理解吳爾芙在遺書中所說的「我再也承受不住了」。

我沒有撒手而去，因為我無法忍受讓家人們痛心。也因為我領養了一條狗，他每天早上都能把我從床上叫起來。我必須出去遛狗，必須餵養他。他對我的愛是無條件的，照料他也拯救了我。當我千辛萬苦地（在妹妹們、心理師、抗抑鬱藥，以及和我的狗在森林中長時間散步的共同協助下）從抑鬱的黑洞中爬出來後，我發誓再也不要把自己的幸福建立在和男人的感情上。我領悟到自己更在乎寫出一本書，而非有個孩子。我不再為愛情輾轉愁思，而是聚精會神地寫完我的長篇小說。自從那段戀愛結束後，我至今都沒有新的戀情，但我出版了一本書。

——

我第一次造訪精神科醫院是在一九八八年，並不是出於自願。當時我讀八年級，父母認為我有自殺傾向。我對他們決定送我去醫院的那天晚上的記憶很模糊，大部分情景都被主觀意識覆蓋了。但我知道自己到醫院的時候穿著一條新買的牛仔褲，應該是

GUESS牌的吧？牛仔褲是我苦苦哀求我母親買給我的，其實我父母根本沒有閒錢去買這些品牌服飾。但我真的好想要，在那個年代，大家「想要」的就是GUESS或班尼頓這類名牌貨。和同齡孩子相比，我瘦削得驚人：十四歲的體重還不到三十六公斤。牛仔褲要穿0號，必須用腰帶束住。到了醫院後，我的腰帶、鞋帶和一罐Noxema牌乳霜都被沒收了。顯然，在意志堅決的病人手裡，哪怕一罐乳霜都會變成自殘的武器。有自殺傾向的人必須接受監察，意味著時時刻刻都有人監視你。所有的門都必須敞開，你甚至不能在沒人陪同的情況下獨自去洗手間。於是，我在醫院的第一個夜晚是在囚禁狀態中度過的，早上醒來時發現自己身處一群瘋狂的病人中間。

我所在的重症加護病房裡還有五個未成年人和十多個成年病人。有個男孩比我大不了幾歲，看起來真是夠瘋的。他把手腕上的累累疤痕給我看，全都是他試圖自殺而留下的。還有個中年女人看到我褲腰上的三角標誌就問道：「是GUESS嗎？牛仔褲？」我一定是承認了（我也一定是提著褲頭回答的，因為已沒有腰帶了）。「你家肯定很有錢。」她這樣說。我不想費事去解釋：在我們學校裡，我根本算不上富人家的小孩。那些對我很殘忍的孩子才是有錢人家的。（我至今都記得五年級的一場睡衣派對上，那些女孩不停地說「艾莉特你遜斃了」，而我只能躲在睡袋裡哭。）同班同學們會炫耀去牙買加或亞斯本度假。她們的父母開著賓士和瑪莎拉蒂接送她們上下學。而我的父母要為湊足我們幾個姊妹的學費而擔憂。我九歲後，我爸爸就沒有長期穩定的工作了，他總是說「我該自殺，你們就都能用保險費過上好日子了」這樣的話。我那時還太小，不知道他只是說說而已，並不是當真要自殺。我爸很聰明，也很善良，我從不懷疑他可以為我們做任何事。但他很孤獨，而且束手無策，只能憑借一己之力照料三個女兒，我媽媽很少在家。

我媽很體貼人，也很幽默，但她每年有四個月待在東非。她是世界銀行的財務分析師，主攻基礎建設計畫，完成這些「任務」（銀行內部的說法）至少要花費一個月的時間，其間幾乎與世隔絕，我們完全聯絡不到她。那時候沒有網路，也沒有衛星電話。實際上，我和兩個妹妹每年都有四個月不能在媽媽身邊。她出任務的時候，我爸會早早地去臥室睡覺，他會說，「我去躺一會兒」。我和妹妹們會發現他全身穿戴整齊地躺在棉被上面，蜷縮成胎兒的姿勢。半夜，等我們都睡著了，他就醒來，去雜貨店，在凌晨三點的喬治鎮喜互會連鎖超市燈光通明、空空蕩蕩的貨架間，用他的方式挑三揀四——每次想起這個場景都讓人心痛。

父母宣稱要把我送進精神科醫院時，一開始只是嚇唬我。我威脅他們說我要自殺。他們就對我說，會把我送進醫院，我就越發沒完沒了地威脅他們我要自殺，就在廚房裡，我立刻從流理檯上抓了一把餐刀。刀是道具，但我用得有模有樣，不得不令他們信服。我一直都是個戲精，舉止浮誇。和很多青少年一樣，我並不是真的想死。我想讓大家都惦記我。我構思的並非自殺場景，而是可能為我舉辦的葬禮。我喜歡去假想同學們受到了懲罰。我喜歡去設想，如果我死了，每一個欺負我的人都會自責和難過。那個記憶模糊的夜晚是一整年累積的惡劣情緒的劇烈爆發。那一年，我時常哭泣，因為悲傷而憤怒。我想念媽媽。我被同學們排擠。校園生活變得痛苦不堪，我也不再做功課了。一直都是優秀學生的我竟然在期末考前完全不復習，明知肯定會考砸。當時已近學期末，我從四歲開始就在那所學校唸書，想到即將去新的學校，我就緊張得不得了，絕望地企求有人來幫我。「你病了。」我母親這樣說。我們僵持到深夜，我不再抵抗，癱軟地倒在廚房地板上，聽任小狗舔著我淚濕的臉龐。我不知道是爸爸還是媽媽把餐刀拿走了。但我知道我終於同意上樓去收拾行李。

在精神科醫院裡看到別人那麼瘋癲倒讓我如釋重負了。我心想，我肯定沒有瘋，因為我沒有周圍病友們的那些表現。第一次參加青少年小組心理治療時，我什麼都沒說。我不想讓一屋子陌生人知道我的真實感受。醫生告訴我，如果我不在「小組」面前發言，就永遠別想出院。第二天，我父母來探望，我就要他們讓我出院，因為我知道自己並不屬於那個地方。我父母肯定也知道這一點，因為他們親手把我送進去之後，過兩天就親自接我出院了。那就是我第一次，也是最後一次住在精神科醫院。

我母親警告我，要我永遠不要告訴任何人我在瘋人院裡待過。她擔心那會讓我背負惡名。我母親最崇尚理性。談起我外婆時，她常說「她太感情用事了」、「她不太理智」。我很崇拜我媽媽，也知道自己對外界的反應和情感太強烈，必會令她失望。我不怪她送我進精神科醫院。她很害怕；如果我的孩子抑鬱到那種程度，我大概也會做出同樣的事。但當她真的把我送進精神科醫院後，我覺得自己被放逐了。而當她警告我要對這件事保守祕密後，我又從心底深處覺得羞恥。從那以後，我一直覺得自己有什麼地方不正常。與其說入院治療的切實體驗讓我覺得自己糟透了，還不如說是我媽媽對這件事的反應讓我更覺挫敗。

在成長階段，我的抑鬱症狀還發作過幾次。高中一年級時，我沒辦法寫完英文課的期中小論文。我累積了一大疊筆記卡片，全部是我閱讀湯瑪斯・哈代[2]的《黛絲姑娘》時記下的筆記和摘文，但就是無法集中注意力去寫小論文。那是我要交出的第一篇長文章，我希望它是完美的。眼看著繳交期限越來越近，我慌了。我睡不著覺。我熬夜到很晚，卻只是在看尼克晚間頻道（Nick at Nite）上重播的黑白老片。我看了電視喜劇《天才小麻煩》（*Leave It to Beaver*）、《唐娜・里德秀》（*The Donna Reed Show*），以及其他我父母小時候看過的幼稚節目。天亮了，妹妹們起床準備去學校，我仍舊歪坐在樓下日光室的沙發裡。等她們坐下來吃早餐時，我關掉電視，上樓去睡覺。論文的繳交日就這樣過去了。我父母幫我向學校請假，說我病了，我確實是病了。但那不是身體上的小毛病，是我的精神備受折磨。一連好幾個星期，我都熬到很晚才睡，一睡就是一整天。那篇論文到頭來也沒寫出來，所以那個學期我的英文課只拿了個D。我非常確信自己親手毀掉了大好前程。大學時代，我也有一個學期過得很不安穩；我沒有準備藝術史的考試，結果在考卷上寫滿了披頭四〈無情的浣熊〉（*Rocky Raccoon*）的歌詞，回首去看那種舉動是多瘋癲啊，我自己都難免大吃一驚。可當時，我只覺得那樣做很好玩。

但後來，二十幾歲和三十歲出頭的大部分時間裡，我都在盡力避免情緒失控。我在莫斯科、倫敦和紐約的廣告公司工作，業績斐然。我在布魯克林大學的夜校拿到了藝術碩士學位，白天還在曼哈頓的廣告公司裡全職上班。我在規定時間內完成了所有任務，得到晉升，還贏得了獎項。我有過憂鬱的時期，但沒有像青春期時那樣崩潰到自我懷疑、無以為繼的地步。甚至當我三十一歲，我母親因癌症而去世時，我也沒有被抑鬱壓垮。我很悲慟，但我能夠自制。（在很大程度上，這多虧了我在母親去世後立刻開始服用抗抑鬱藥。對我來說，持續服用抗抑鬱藥的效果是之前未曾預料到的。如果我早一點開始吃藥，在校時期的學業成績平均點數肯定會更高。服用樂復得〔Zoloft〕之後，我的精神狀態好了很多，所以再也不想停藥了。）事實上，抑鬱人群在二十到三十歲期間

---

2 湯瑪斯・哈代（Thomas Hardy，1840-1928），英國小說家、詩人，作品多對維多利亞時代社會有所，尤其對於英國農民地位的低落。代表作品包括《黛絲姑娘》（*Tess of the d'Urbervilles*）、《無名的裘德》（*Jude the Obscure*）。

服藥的效果最好。但隨著年紀增長，抑鬱症狀會變得越來越難治療。就像彼得・D・克雷默[3]在《對抗抑鬱》（*Against Depression*）一書中所寫的：「抑鬱症的發作會越來越頻繁。後期會有自發性的發作，不需要有明確的誘因，持續時間更長，對任何干預的反應都很差，（當症狀有所緩解時）緩和期也會更短。」現在我四十歲了，抑鬱症很可能對我的健康帶來更多危害。我是一個素有焦慮和抑鬱病史的女人，很有可能出現產後抑鬱症狀。自殺是導致產婦死亡的頭號原因。我還是別冒這個險了。

——

不久之前，我幫四歲的外甥女洗澡時，她說：「我不知道我想不想生小孩。我只想當個阿姨。」我不知道是什麼因素讓她得出這種結論。難道她感覺到了養育孩子需要付出多麼大的代價嗎？就像我四歲時一樣，這個外甥女花了很多時間編故事和兒歌。她特別善於使用語言，是個天生的說故事大王，也與生俱來地擁有掌握敘述節奏的能力。她已經開始組織具有藝術感的句子了。我很想知道她長大後會不會也投身於寫作。「你現在不需要決定要不要生孩子，」我說，「等你長大了，只要你想，就會生的。」

我會成為什麼樣的媽媽呢？毫無疑問，是操碎心的那種母親。我總是高度緊張，妹妹們和我常拿這件事開玩笑。二十歲出頭時，小妹曾對我說：「只有當你能夠堅持每天跑步了，你才能生小孩。」對我來說，運動始終是控制情緒的重要手段。（在那段倒霉的戀愛的最後階段，我停止了規律的跑步。我敢肯定地說，如果我在那次分手之後馬上恢復跑步，情緒肯定不會崩潰到那種程度。）保持規律對我很有好處，所以我肯定會讓孩子們也堅持一套有紀律的生活方式：準時就寢，以及很多提前規劃好時間地點的活動。孩子成長發育的重要時機點也肯定會讓我緊張得抓狂（「她這個年紀是不是應該學會讀寫了？」），而且，就像我們爭強好勝的父母那樣，我也肯定會過度自豪於孩子們取得的成績。我是完美主義者，所以很害怕會對自己的孩子要求過高。但我願意每天讀書給孩子們聽，哪怕他們還在襁褓中。我也很願意像我媽媽那樣唱〈冬娜冬娜冬娜〉（*Dona Dona Dona*）、〈我和巴比〉（*Me and Bobby McGee*）這樣的搖籃曲。

3 彼得・D・克雷默（Peter D. Kramer，1948-），美國最知名的精神專家之一，著有《傾聽百憂解》（*Listening to Prozac*）等，專攻臨床抑鬱症的診治，認為抑鬱症亦是嚴重生理機能的衰退。

我的兩個妹妹都是好媽媽。有個妹妹有三個女兒，也是全職媽媽。和許多父母一樣，她每天都忙於接送孩子，去學校，去生日派對，上游泳課，去參加球賽。縱使不情願，她還是當上了休旅車的司機。我妹妹對孩子們盡心盡力，說起來，那有一部分是對我們童年時代的回應：她試圖為自己的孩子們提供我們小時候缺失的安定感。而我，向三個外甥女展示了全然不同的女性榜樣——專注於事業的藝術家，沒有經濟上的保障，可能一輩子都買不起自己的房子。外甥女們在書店裡見過我寫的書。年紀最大的外甥女曾驕傲地告訴她一年級的同學們，她的「阿姨」是個「作家」。我希望外甥女們明白一點：職業女性也能同時當好媽媽，但我做不到，當不了這種榜樣。正如我四歲的外甥女已然領悟的那樣：不是所有女孩長大後都能當媽媽。

如果我不曾覺得被親生母親拋棄，如果我在愛情方面更幸運一點，如果我出版處女作的時間再早一點，如果我天生不是這麼敏感，而能再自信一點，也許我就會嘗試生兒育女了。但我不能抱怨什麼。我活得好好的，未來前途無量。就算沒有孩子，我對未來也有很多想像。

在聖伊麗莎白精神科醫院裡，寫作社團中的一個女人握住我的手，問道：「你怕什麼？怕黑嗎？」這是她的第一個問題。她沒有問我哪個學校畢業，做什麼職業。她不在乎我是不是結婚了，或者有沒有孩子。在精神科醫院，我們立刻回歸到最原始、最沒有差別的人類本性。從某種程度上說，我們不是都害怕黑暗嗎？

最後的最後
The End of the Line

提姆・克雷德
Tim Kreider

不久之前，我看到老同事伊凡・布魯內提（Ivan Brunetti）為《紐約客》創作了一張封面插畫，畫面中有一對衣著光鮮的情侶坐在時髦的小餐館裡羨慕地看著一對中年夫婦領著幾個穿著萬聖節裝扮的孩子，他們的手上拿著打包好的披薩盒，打算回家吃晚餐。一開始，我以為那是站在父母的立場畫的，他們一廂情願、自得而天真地以為別人都會羨慕他們。但一、兩天後，我恍然大悟：雖然插畫的視角是從那對時髦情侶出發，但內含的情感立場卻是來自那對父母——讓他們寬慰的是，自己可以挺著肚腩傻笑，快樂地回家享受外賣和糖果，陪孩子們共度美好的夜晚，而不用非得打扮得漂漂亮亮去網紅店約會，為一餐看似精緻卻吃不飽的小食付昂貴的飯錢。這一點我很能理解。

身為父母，他們可能時常帶著羨慕嫉妒恨的眼神回望那些沒有孩子的人——不用負擔養家重任、盡可放縱自我的生活。但反過來說，我對他們的生活從沒有過同等的羨慕嫉妒恨：當爸媽的人都很焦慮，有無窮盡的煩惱——到處亂扔的玩具，噪音肆虐，寶寶的尿漬和尖叫，他們永遠沒辦法一口氣看完一本書，沒辦法用成年人的方式好好交談，沒辦法組織連貫又深刻的思考。我曾在一篇隨筆中寫過，身為父母就好比加入了邪教組織，「生活在骯髒得驚人和讓人退化的環境中，聽命於任性又瘋癲的教主的各種奇思怪想」。但為數驚人的父母們告訴我，他們熱愛這種邪教。然而，我很難想像那些主動選擇不要孩子的人，會對其生活的不近人情的描述產生同等熱烈的反應。這是因為當上父母的人依然記得像我們這樣生活時的感受，但我們無法想像他們那樣的生活是什麼樣子；他們的閱歷涵蓋了我們的人生體驗。我承認，有孩子的人比我擁有更深切、更複雜的人生歷練，我覺得這挺好的。有很多生命的體驗是我樂於不去體驗的，生養孩子就是其中之一，還包括：分娩，打仗，被關在監獄裡一晚上，或是觀看電影《阿甘正傳》。如果人可以不經歷死亡就過完一生，我也很樂意跳過死亡這件事。

這個星球上的一切生物都有一項由兩部分構成的使命：一、活得夠長久，以便實現第二個使命；二、自我複製。故意不繁衍下一代的人實在是很複雜的動物，可以說是為了自身利益而過度進化，因而有意識地拒絕履行最基本的一項生物指令。比故意不繁衍更違逆常情、更不自然的舉動，只有自殺了。有些哲學家——脾氣特別壞的那幾個，比如叔本華——把自殺定義為道德選擇和自由意志的終極行動。暫且不提一些容易引發歧義的野史奇聞，這顯然算是智人獨有的一種特權。我想你可以這樣說：選擇不要孩子和自殺一樣，是只有人類才會做的事。事實上，要說有什麼可以展現自由意志的可能性，那就是——人類會在生活中，故意讓某種預設功能失效。

當然，給「不生孩子」冠以「自由意志」之名可能有點浮誇。在生育問題上分庭抗禮的兩派人都有一種自吹自擂的傾向，但讓我們誠實地說吧：兩派人各自鼓吹的所謂選擇，其實都超出了他們能自主自覺的掌控力，就像繼承了大筆遺產的人自認為有資格獲得那筆財富。反正，當父母的人需要證明自己是對的，他們判處自己生活在孩子的口水和痰、繳不完的學費，還有頗有諷刺意味的辱罵教訓之中，因而，他們需要冠冕堂皇的理由，聲稱養育兒女會帶來不可言喻的滿足感、無盡的福祉——比如這樣說，除非你有了孩子，否則就不可能明白什麼是真正偉大的愛；或是，生兒育女是生命的終極目標，諸如此類。

把生養繁衍作為存在的理由，在我看來，這必將引發關於存在的終極命題。如果你生命的終極目標是你的孩子，那你的孩子們的生命的終極目標又是什麼，生養你的孫輩嗎？每個人生命的終極意義難道不在於自己本身嗎？如果不是，那無限繁衍下去又有什麼意義？畢竟，零乘以無限大還是零。簡直像是細菌和病毒都能攀上的終極目標，標準超級低。更新世末期，人口總數遭遇了接二連三的驟滅，最終只留下少數智人，也就是當今人類的祖先。遠在更新世，大部分智人也像我們一樣覺得自己的生命是重要而有意義的。僅僅因為那些智人沒有後代，他們的存在就該被忽視嗎？

不管怎麼說，生孩子都不能保證你永生不死——從基因層面說，不過是緩刑或刑期延長罷了。到最後的最後，智人這一物種終將滅絕，就算我們躲過太陽膨脹成紅巨星這一劫，就算我們能在另一個星球上建立殖民地，就算我們可以把意識儲存到機器裡，就算我們能靠自身進化成純粹的生命能量形態，到最後的最後，（根據現有的共識）宇宙本身也會在無趣的熱寂後毫無波折地漸漸熄滅，每一個人——你的孩子、孩子的孩子、你的二十三代曾孫、莎士比亞、貝多芬、林肯、尼采、黑澤明，以及我，都將徹徹底底不復存在，比被他人徹底遺忘還要徹底，因為到那個時候，甚至沒有他人會將我們遺忘了。

另一方面，沒有孩子的人很喜歡說，他們比那些無助而盲從地聽命於ＤＮＡ獨裁指令的無腦民眾活得更有自我意識。（順便說一句，不要孩子的激進派自稱「無子派」〔child-free〕，這個詞顯然是從smokef-ree〔無菸的〕、disease-free〔無病的〕衍生而來的，free在字尾時，前面的詞通常是帶貶義的名詞。）他們會列舉迫在眉睫的危機——人口過剩、全球暖化、石油產峰，而且，別忘了還有核戰——對於不生孩子的人來說，這些人盡皆知的事實都算得上極其正當、頗具說服力的理由，但我壓根不信有哪個人不生孩子的真實原因是某種世界危機。我們不生養的真實原因，或許沒有父母們所說的生養理由那麼冠冕堂皇（順便再說一句，我們喜歡把那些當了父母的人稱為「受孩子詛咒的人」），但我敢肯定：我們的理由也一樣出自潛意識，一樣發自本能。自願不生孩子的人越來越多，就和生育力下降、同性戀增加一樣，可能是一種針對人口過剩[1]而在演

1 自一九五〇年代以來，人類的生育率一直在下降，即使在第三世界也是如此。科學實驗已顯示，在人為製造的「鼠」量過剩的環境中，新生代老鼠的同性戀行為有所增加，但人類社會中的同性戀發生率是否同樣會上升尚無法推測。

化過程中出現的適應行為。考慮到不生養的現象在西方社會更普遍，這也可能是物質財富富足帶來的效應。（在貧苦的環境中，擁有更多子嗣是個人在演化上的優勢，哪怕這對整個物種來說是災難性的，也害得里約、加爾各答等地淪為太陽系中最冷門的房產投資地。）也可能，這是人類文明在衰落時期的症狀：缺失了活力——或者說樂觀的希望。也可能，就像吸血鬼製造下一代那樣，惡劣的教養方式隨著新生世代而呈指數倍增長，結果，擁有糟糕童年經歷的人越來越多，並都聽從了菲利普．拉金最著名的嚴厲勸告：「你別生孩子。」

生子派和無子派都鼓吹各自的人生更理性、更滿足，抑或是在道德上更有優越感；在我看來，這場爭論中最精采的部分宛如另一場經久不衰、同樣有趣的口舌之戰——議題是「養狗好還是養貓好」。在我們的生活中，大部分最重大的決定從深層意義上說都是非理性的，是由我們幾乎不肯承認的下意識決定的，也因此，最糟糕的決定（結第三次婚、和你老婆的妹妹外遇、在你婚姻觸礁時偷偷不再避孕）都是最讓人難以啟齒的，你不可能講給別人聽。拒絕一切鼓吹孩子讓人生有意義的狂熱言論是沒有用的，因為那種說法顯然極其合理，就好比人們接受催眠療法時都能給出的極其理性的理由。眾人生子的理由之一即為：人生來就有生養功能。不管他們給出什麼樣的理由——無私，想把一些東西傳給下一代，有太多的愛可以付出——我都不相信他們選擇生子的動機，會比沒有皮毛的鼴鼠決定挖地洞更高一籌。說到底，人類的構造龐大又複雜，就像魯布・戈德堡[2]發明的奇妙的機械裝置，只不過人類是靠基因的自我複製完成創造的，類似建造清真寺、創作怪誕喜劇、開啟星際探險等事件，都屬於計畫外的副作用。

就我本人而言，我很清楚，不生孩子的決定並非我深思熟慮的必然結果，並不是考慮到全球人口總數、我慘淡的財務前景、我沒本事照料其他生物（只要比貓要求更多，我就沒轍了）之後做出的決定。事實很簡單，只是因為我想都沒想過去生孩子，更不可能想到的事只能是加入海岸防衛隊或學習巴西柔術了。我從沒有搞明白，為什麼會有人真的去做這件事？迫使別人都去生兒育女的究竟是什麼？我始終沒搞懂，原因似乎應該是很好玩，或是很有滿足感，或者別的什麼？好像我逃了一節課，而別人都在那節課上

2 魯布・戈登堡（Rube Goldberg，1883-1970）美國猶太漫畫家，曾創作一系列漫畫，用拼裝方式設計出極其複雜的機械，可以完成如倒茶或打蛋之類的簡單工作，荒謬卻極具挑戰性。後來，「魯布・戈德堡機械」一詞，也成為此類設計的泛稱。

一致同意那是毋庸置疑、顯而易見要去完成的事。天知道我為什麼缺乏這種近乎普世的人性衝動？我一直想成為藝術家，但當我暢想未來時，從沒夢想過有個老婆或孩子——當然，這種解釋非常個人，很容易被質疑。畢竟，世上還有那麼多藝術家都有家有口但處之泰然，也像全職工作的父母們那樣免不了被孩子們分心。我得到了很好的教養，儘管我在出生後幾天就被收養了——後來我在書中讀到過，這種事會對孩子造成很大的影響。我母親告訴我，我向來不喜歡孩子，哪怕我自己還是個小孩時就不喜歡。到今天也一樣，不管何時何地，如果有人問我要不要抱抱寶寶，我總是回答「不用，謝謝」。有人告誡過我，這種應答很不明智。不久前，我的朋友柔伊硬要我抱著她一歲大的寶寶，還要幫我拍照。小腿亂蹬的孩子坐在我膝上時，我強顏歡笑，立刻體會到女性被男朋友們連哄帶騙裝扮成天主教學校的女生或是《星際大戰》中的莉亞公主，沉浸在某種跟她們自身毫無關係的幻想中時的感受。柔伊後來還把照片作為「證據」寄給我，好證明我好歹還不是個太壞的男人。我看著這幾張合影，只覺得自己抱著某種我聞所未聞，但別人向我保證沒有危險性的南美洲小動物。

不用多說，這件事會成為我和女人們的關係中的麻煩，因為大部分女人或早或晚都會想生孩子。到了三十多歲時，我學乖了，總是預先讓女友知道，我對生孩子毫無興趣，也從沒想過那麼做，一秒鐘都沒想過，未來也絕無可能改變心意，就算所謂的天命之人出現，我在這一點上也不會動搖。看上去，我在這個問題上肯定是死硬派，而且固執得毫無必要，但從我的經驗看來，人們總有一種無底線的幻想力，自欺欺人地覺得伴侶終會改變。這種預警策略並沒有導致某段戀愛告終，但確實排除了某些潛在的對象，並且/可能限制了和另一些人的交往。然而，不管這種策略讓我陷入了怎樣的尷尬境地，我的痛苦終究無法和不想生小孩的女性所受到的、令人窒息的社會壓力相比擬。畢竟，不想要孩子的男性擁有一種角色範本，或者說，現成的榜樣——鐵錚錚的單身漢、像W・C・費茲[3]那樣無賴又暴躁的男人。說到底，我們會得到的最差評價不過是自私或不成熟；但不想要孩子的女人們卻被認為是不正常的，就算不至於背叛整個人類物種，至少也會被說是女性群體內部的叛徒。不要孩子的男人們頂多得到蔑視的白眼，但人們得知女人不要孩子時卻多半要問：你有什麼毛病？

3　威廉・克勞德・杜肯菲爾德（William Claude Dukenfield，1880-1946），藝名為W・C・費茲（W. C. Fields），美國喜劇演員、作家，因其擅演愛喝酒、討厭狗和孩子的角色而廣為人知。

不證自明的是，生養孩子顯然是更不合理的決定——極其昂貴，極其不便，再加上始終有研究結果表明，不管對於個人還是夫妻關係，孩子都會增加他們的壓力，減損幸福感。我有個朋友剛寫了一本小說，寫的是有孩子的人和沒有孩子的朋友之間的隔閡日益擴大，於是，沒孩子的主人公請求有孩子的朋友幫忙解釋一下生養孩子有何誘人之處。反對的理由昭然若揭——但他納悶的是：贊成又是為何？有孩子的人都承認：沒錯，生養孩子讓人精疲力竭，孩子們會逼得你想發瘋，你永遠不得閒。但他們仍會說：「當你的孩子笑吟吟地看著你時，一切就都值得了。」他實在難以理解他們到底在胡說什麼。他說，平心而論，他們好像都明白自己只能拾人牙慧，用最滑稽的陳腔濫調來描述那種體驗：「他們像是在拼命解釋嗑了迷幻藥後，覺得萬事萬物皆有天理是什麼感覺，哪怕他們知道你必須親身體驗才會懂。」那顯然是一種不可言說的事，或是因為太重要而無法訴諸言語。

當然啦，大多數人在一切議題上都會詞不達意，尤其是這類意義深重的話題；所以，不妨聽聽最善言詞的作家們是如何談論為人父母之事的，那應該會有所啟發。就連最乖僻的戈馬克·麥卡錫[4]也似乎在老年得子後發生了巨變。眾所周知，他的長篇小說

《長路》從頭到尾都沉浸在荒涼淒絕的末日感中（書中有嬰兒的身體被烤焦的駭人情節），但在這部作品中，這是他第一次令人信服地描繪了一段真正的愛的關係（但和那種愛上命運多舛的美豔妓女、雙雙為愛而死，或是男孩始終深愛著他養的狼的故事截然不同）：無名無姓的主人公深愛著怎麼教都學不會野蠻的弱小兒子——那種愛，是即便面對滅絕也能拯救世界的愛。如果他不是神諭，上帝就從未言語。這本小說探討的最基本的問題是：如果人生舉步維艱，所有人都難逃一死，那還有什麼——如果有的話——能讓生命值得跋涉？他找到的唯一的答案就是這個孩子。

有鑒於大多數人做出的選擇並無樂趣可言，他們的人生動力顯然無關乎快樂原則。他們渴求的是被需要，每天都有不容推托的理由逼迫他們起床。如果說生養孩子未必就有意義，但也顯然可以成為行之有效的辦法，讓人們在青壯年時不用糾結於意義的問題，或者至少能推遲處理。你可能清晨四點醒來，想到這個月又要繳房貸就莫名恐慌，隔天又可能不想去上班，寧可懸梁自盡，這都沒關係；你只能一步一步邁出去，因為你

---

4 戈馬克．麥卡錫（Cormac McCarthy，1933-），美國小說家，有「海明威與福克納唯一後繼者」之美名，二〇〇六年發表小說《長路》（*The Road*），獲獎無數，並被改編為電影《末路浩劫》。

的孩子指望你養活。對沒有負擔的人來說，關於「人生到底是什麼」這類問題的胡說八道都是奢談。對所有那些對生存懷有焦慮和懷疑的人來說，孩子們充當了無可辯駁的反例。恰如某位知名的美國哲學家所言：「等到有人愛你，你才不再是無名之輩。」

第一次見到和我有血緣關係的人時，我年紀已經不小了，當時我腦中突然閃過某種念頭，有點像是面對自己孩子的父母的感受。與我共有半邊血統的姊妹們聰明、有趣、心地善良，單純從作為人類的角度來說，我非常喜歡她們，我們在很多方面很相像，她們讓我打從心底感到親暱（我以前不曾從詞源學的角度注意到：「親暱」和「親人」有關聯）[5]。我以一種澎湃、猛烈、無條件的方式喜愛她們，這和她們是誰毫無關係，有關係的只是她們對我來說是怎麼樣的人。就算她們是癮君子、共和黨人，或者覺得我很怪而根本不想和我有任何瓜葛，我也會愛她們的。每當我在車裡或派對上瞄到她們中的某人，我都會感受到一種似有催眠效果的、溫暖的愛意，乃至偷偷地激動起來。如果她們中有誰需要一顆腎臟，我會貢獻自己的；如果她們當中還有人需要，我也會奉上自己的另一顆腎，哪怕會有點後悔。僅僅知道世上有她們存在就讓我如此快樂了，可想而知，就算襁褓中的小毛頭平凡無奇，爺爺奶奶看到自己的孩子生下了孩子也會樂得忘乎所以，對此，我幾乎可以感同身受了。這讓我對生養孩子有了些許洞見，也略微領悟到我將會成為怎樣的父親——極盡溺愛和縱容之意，愛孩子愛到多愁善感的可憐地步。而且，我必須對自己坦承：雖然我不想當父親有許多冠冕堂皇的理由——諸如我知道自己善變，情緒易於波動，一會兒讓人壓抑得透不過氣，一會兒又輕忽大意，再加上我永遠也付不起騎馬課或戴牙套的錢，更別說大學學費了——但其中的一個原因是：我害怕。我怕自己萬一有了孩子，肯定會愛得很痛苦，那種愛足以將我的靈魂扯成兩半，也怕自己一醒來就擔憂孩子們有個三長兩短，因而永遠不再有無憂無慮的清晨。我有個朋友幾年前失去了年幼的女兒，包括我在內的大多數人都根本無法想像他們受到了多大的打擊。

那麼，等到老無所依、孤獨終老的時候，我會不會後悔當初沒生孩子？有孩子的人最喜歡用這個問題來拷問我們這些沒孩子的人，就好比福音派信徒總喜歡幻想你在沾滿淚痕的病床上痛悔前非，或是索性在地獄裡嘗盡遲來的悔悟。反正，我做過的或沒做成

5 英文中親暱是familiar，親人是family。

的其他事情都會讓我後悔，所以我不認為這件事可堪例外。沒錯——就像所有的事那樣，等一切都太晚了，我肯定終將明白，自己沒做成那件屬於我分內的蠢事，那是我在這個星球上短暫度日時本可以完成的事，一份無數真菌、扁蟲和笨蛋千古以來都能擔負的職責。也許，我會在最後關頭說服一位好心的護理師——按照我的理解，那是大多數醫院裡都有的人——幫我懷上一個，且不管我備受摧殘的染色體能打造出什麼樣的孩子。但我知道，長久以來，我都在必定以遺憾告終的道路上不懈地求索。現在我已經太老了、太怪了、太自私了，經不起初為人父所帶來的焦慮和疲憊，也沒法再假裝對獨奏會、露天表演和足球比賽有熱情，更不能毫無怨言地被拖去看皮克斯動畫片、去查克奶酪遊樂城[6]，或是去美國女孩連鎖店買童裝。

在當今的世界形勢下，不生孩子顯然比生養孩子更理智、更負責任，這是不容置疑的，但我們也別假裝自己真的是出於理智或責任等原因才不要孩子的。如果沒有孩子的人覺得真有必要宣稱自己比有孩子的人更有道德優越感，那拿得出手的只有這一點美德——那就是，不拿自己開玩笑。讓我們誠實一點吧：我們就是不自然的——和衣服、醫藥、農業、藝術或是直立行走一樣不自然。因為沒有子嗣，我們剝除了自己將在後代身上延續下去的幻想，也不得不更深刻地投身於更嚴苛的另一種幻想：我們的生命本身自有其意義，也可以透過藝術、思考或正直的行為，透過教育、幫助他人或改變世界，來確保自己也可以獲得某種形式的永生不朽。也許，我們表現出的是演化上的適應行為，我們用更有效率、對環境破壞更小的繁衍方式播撒文化基因，而非生物基因。我們在思想空間中繁衍，而非雪上加霜，在人口已然過剩的星球上再添新生命。

上個世紀，有史以來第一次相當比例的人類試圖不帶永生的妄想而活，也有相當數量的人類自願棄絕繁衍權，放棄家族興旺所帶來的虛假慰藉，這也是有史以來的第一次。（有時候我會想，現世西方國家人口呈現負成長，或許和信仰的消失有潛在的關聯。）不論從醫學層面還是社會層面來說，只是在最近的五十年內，不生孩子才變成切實可行的選擇。在此之前，沒有孩子的人被視為悲劇的個體，只有神職人員才會自願選擇不生孩子，理論上說，他們是依靠宗教將性欲昇華了。我們這些人自願不生孩子，可以說是人類歷史上前所未有的一項實驗。出於顯而易見的原因，我們是不可能成為主流

6 查克奶酪遊樂城（Chuck E. Cheese's）是美國的一種以電玩為主題，結合美式速食、街機遊戲和遊樂設施為一體的大型連鎖家庭娛樂中心。

的。就像那些同樣拒絕服從繁衍規則的基督正教徒，我們這些個體將注定滅絕。話說回來，每個人都會滅絕。但作為一種選擇、一個念頭存在下去，誰知道呢？我們可能被廣泛流傳，遍及四海。對這個物種的其餘成員來說，我們就是實物教學中的實物——是某種存在定理，讓人能夠證明某個命題是可以成立的。哪怕聽起來又會顯得浮誇而驕矜，我仍要冒險進言：不管是出於莽勇還是怯懦而不生孩子，我們這些人終究構成了有如先驅的存在。因為比起其他人，我們因為自己的選擇而被迫帶著更少的妄念，或者說是更少的安慰，去面對存在的本質問題，我們每天都必須重新向自己證實：滅絕不會否定生命的意義。

致謝

Acknowledgements

身為本書編者，在此感謝皮卡多出版社（Picador）的各位：安娜·德弗里斯（Anna deVries）、P·J·霍洛斯科（P. J. Horoszko）、史蒂芬·莫里森（Stephen Morrison）和安德莉亞·羅格夫（Andrea Rogoff）。謝謝你們的賢明指教，令這本眾輪推動的合集順利走上正軌。特別感謝柳原漢雅（Hanya Yanagihara）開啟這一程文字之旅，並指引我們駛向平安但並不太遙遠的未來。

提姆·克雷德（Tim Kreider）

作家、漫畫家。著有《痛苦何時終結？》（*The Pain—When Will It End?*）、《混蛋的暮光》（*Twilight of the Assholes*）、《他們為什麼殺我？》（*Why Do They Kill Me?*）《學而不精》（*We Learn Nothing: Essays*）、《我寫此書是因為我愛你》（*I Wrote This Book Because I Love You: Essays*）。文章散見於《紐約時報》、《紐約客》、《男性週刊》（*Men' Journal*）。現居紐約與切薩皮克灣的某處祕密居所。

Moment，美國ICP國際攝影中心「攝影書寫獎」）、《作家的航空母艦》（*Another Great Day at Sea: Life Aboard the USS George H.W. Bush*），以及討論導演塔可夫斯基經典名作的《潛行者》（*Zona*）。

M．G．羅德（M. G. Lord）

文化評論家、記者，曾於《新聞日報》（*Newsday*）任職十二年，負責政論漫畫版，現於南加州大學擔任教職。著有《永遠的芭比》（*Forever Barbie: The Unauthorized Biography of a Real Doll*）、《伊莉莎白．泰勒：意外的女性主義者》（The Accidental Feminist: *How Elizabeth Taylor Raised Our Consciousness and We Were Too Distracted by Her Beauty to Notice*），以及描述冷戰時期航空業的回憶錄《太空草皮》（*Astro Turf: The Private Life of Rocket Science*）。現居洛杉磯。

羅絲瑪莉．馬奧尼（Rosemary Mahoney）

作家，曾獲古根漢獎、美國國家藝術基金獎等多項大獎。著有六部非虛構作品，包括《沿尼羅河而下》（*Down the Nile*）、《漁船上的孤客》（*Alone in a Fisherman's Skiff*）、《與劇作家海爾曼共度一夏》（*A Likely Story: One Summer with Lillian Hellman*）、《來自盲人的世界》（*For the Benefit of Those Who See: Dispatches from the World of the Blind*）等。文章散見於《紐約時報》、《華爾街日報》、《倫敦觀察家報》等媒體。現居希臘。

艾莉特．霍特（Elliott Holt）

短篇小說家、散文家。第一部長篇小說《你是他們中的一員》（*You Are One of Them*），榮獲《紐約時報週日書評》編輯選書，並入選美國國家書評人協會獎決選。文章散見於《紐約時報》、《維吉尼亞書評季刊》、《格爾尼卡雜誌》（*Guernica*）等媒體。

潘・休斯頓（Pam Houston）

小說家，加州大學戴維斯分校英語系教授，非營利組織「寫作者的寫作」（Writing By Writers）共同創辦人。著有兩部長篇小說《遭竄改的人生》（*Contents May Have Shifted*）、《獵犬》（*Sight Hound*）；兩部短篇小說集《牛仔們是我的軟肋》（*Cowboys Are My Weakness*）和《與貓共舞華爾滋》（*Waltzing the Cat*）；以及散文集《更多關於我的小事》（*A Little More About Me*）。作品曾收錄於二十世紀最佳美國短篇小說集。

珍・賽佛（Jeanne Safer）

執業超過四十年的心理治療師，現居紐約市。出版過多本頗受好評且具啟發性的心理學著作，特別針對大眾難以談論卻又關切的禁忌議題：該如何面對有身心障礙的手足、生小孩與否的掙扎、是否該原諒背叛你的人，以及如何面對父母過世。著有《跳過當個媽：選擇沒有孩子的人生》（*Beyond Motherhood: Choosing a Life without Children*）、《寬恕的迷思：有時不原諒比較好》（*Forgiving and Not Forgiving: Why Sometimes It's Better NOT to Forgive*）以及《死亡的益處：失去父母，是我們二度成長的機會》（*Death Benefits: How Losing a Parent Changes an Adult's Life—For the Better*）、《在家不要談政治：擁抱不同立場，修補彼此的關係黑洞》（*I Love You, But I Hate Your Politics*）等。

傑夫・戴爾（Geoff Dyer）

英國當代著名全方位作家，萊南文學獎（Lannan Literary Award）、美國藝術文學院E・M・福斯特獎得主。著作橫跨多種文類，包括小說、散文、評論，以及多部「無法歸類」作品，如《But Beautiful然而，很美》、《消失在索穆河的士兵》（*The Missing of the Somme*）、《出於純粹的狂熱》（*Out of Sheer Rage*）、《持續進行的瞬間》（*The Ongoing*

《紐約客》等雜誌撰稿人，並在哥倫比亞大學、普林斯頓大學、波士頓大學等校任教。著有回憶錄《永遠的蘇珊：回憶蘇珊・桑塔格》（*Sempre Susan: A Memoir of Susan Sontag*），以及八部小說，其中《摯友》（*Friend*）獲得二〇一八年美國國家圖書獎，出版後仍獲獎不斷。現居紐約。

安娜・霍姆斯（Anna Holmes）

作家、媒體人，知名女性主義網站「蕩婦耶洗別」（Jezebel）創辦人。著有《怒火地獄：情事後的女性書寫》（*Hell Hath No Fury: Women's Letters from the End of the Affair*）和《耶洗別之書》（*The Book of Jebel*），後者是她於二〇〇七年創建的熱門網站文章合集。長年為《紐約時報週日書評》撰寫專欄，其他文章則散見於《紐約時報》、《大西洋月刊》、《華盛頓郵報》、《紐約客》等媒體。

蜜雪兒・亨涅曼（Michelle Huneven）

作家，現於《洛杉磯書評》擔任資深編輯，並於加州大學洛杉磯分校教授創意寫作。著有《怪罪》（*Blame*）、《偏離航線》（*Off Course*）等小說作品。現居加州亞塔迪納，與丈夫、狗、貓和非洲灰鸚鵡一起生活。

丹妮爾・韓德森（Danielle Henderson）

自由撰稿人，生於紐約州，現居西雅圖。為《衛報》、《Vulture》、《柯夢波丹》等媒體供稿。在徹底離開校園之前她就創建了知名部落格，並出版同名書籍《萊恩・葛斯林是女性主義者》（*Feminist Ryan Gosling*）。如果好友的孩子入獄，她希望自己是他們第一個打電話求救要保釋金的對象，或者詢問如何避孕的首選。

凱特・克莉絲森（Kate Christensen）

作家，現居緬因州波特蘭市。著有回憶錄《藍盤特餐：我的人生、我的胃口》（*Blue Plate Special: An Autobiography of My Appetites*），以及《老饕的悲歌》（*The Epicure's Lament*）等六部小說，並憑《大人物》（*The Great Man*）榮獲二〇〇八年美國筆會福克納小說獎。散文和評論散見於《紐約時報書評》、《ELLE》、《歐普拉雜誌》等刊物。關於新英格蘭餐飲生活文化的文章連載於她的個人網站：katechristensen.wordpress.com。

保羅・利斯基（Paul Lisicky）

小說家，現於羅格斯大學教授創意寫作。著有《草坪男孩》（*Lawnboy*）、《著名建造者》（*Famous Builder*）、《燃燒的房子》（*The Burning House*）等小說，以及回憶錄《窄門》（*The Narrow Door: A Memoir of Friendship*）、《後來的日子》（*Later: My Life at the Edge of the World*）。曾獲美國國家藝術基金獎（National Endowment for the Arts）。現居紐約布魯克林。

蘭諾・絲薇佛（Lionel Shriver）

多產的作家和記者，已出版十八部長篇小說，包括暢銷作品《大哥》（*Big Brother*）、《到此為止》（*So Much for That*）、《生日後的世界》（*The Post-Birthday World*），以及獲二〇〇五年橘子小說獎的《凱文怎麼了》（*We Need to Talk About Kevin*），同名改編電影已於二〇一一年上映。作品已被翻譯成二十八種語言。

西格麗德・努涅斯（Sigrid Nunez）

小說家，曾任《紐約時報》、《紐約時報書評》、《巴黎評論》、

附錄：著者簡介

Contributors

梅根·達姆（Meghan Daum）

一九七〇年生於美國加州。《洛杉磯時報》專欄作家。著有散文集《不可言說之事》（*The Unspeakable: And Other Subjects of Discussion*）、《虛擲的青春》（*My Misspent Youth*），回憶錄《如果住在那棟屋，我會過得更好》（*Would Be Perfect If I Lived in That House*）以及長篇小說《生命報告》（*The Quality of Life Report*）。文章散見於《紐約客》、《哈潑》、《Elle》、《Vogue》等雜誌。

寇特妮·侯德爾（Courtney Hodell）

作家、圖書編輯、懷丁文學獎（Whiting Awards）總監。曾任職於維京出版社（Viking Penguin）、蘭登書屋（Random House）、哈潑科林斯（HarperCollins）美國分社及英國分社。現於法勒、施特勞斯和吉魯出版社（Farrar, Straus and Giroux）擔任執行編輯，也是艾莎·西蒙·侯德爾（Elsa Symons-Hodell）的姑姑。

蘿拉·吉普尼斯（Laura Kipnis）

作家，西北大學廣播電視電影系教授。著有《反對愛情》（*Against Love*）、《調查男人》（*Men: Notes from an Ongoing Investigation*）。現居紐約和芝加哥。

為什麼我們不想生

生與不生，哪一種人生選擇更幸福？

為什麼我們不想生：
生與不生，哪一種人生選擇更幸福？
梅根．達姆（Meghan Daum）著／于是譯
一版／新北市／二十張出版／遠足文化事業股份有限公司／2022.12
譯自：Selfish, Shallow, and Self-Absorbed: Sixteen Writers on the Decision Not to Have Kids
ISBN 978-626-96456-5-7（平裝）
一、生育 二、家庭計畫
544.4
111018187

編者　梅根．達姆（Meghan Daum）
翻譯　于是
主編　洪源鴻
責任編輯　柯雅云
行銷企劃總監　蔡慧華
行銷企劃專員　張意婷
封面設計　虎稿．薛偉成
內文排版　宸遠彩藝
社長　郭重興
發行人　曾大福
出版發行　二十張出版／遠足文化事業股份有限公司
地址　新北市新店區民權路 108-2 號 9 樓
電話　〇二～二二一八～一四一七
傳真　〇二～八六六七～一〇六五
客服專線　〇八〇〇～二二一～〇二九
臉書　facebook.com/akkerpublishing.tw
法律顧問　華洋法律事務所／蘇文生律師
印刷　前進彩藝有限公司
定價　四五〇元整
出版日期　二〇二二年十二月（初版一刷）
ISBN　9786269645657（平裝）
9786269645640（ePub）
9786269645633（PDF）

Selfish, Shallow, and Self-Absorbed: Sixteen Writers on the Decision Not to Have Kids
Edited and with an introduction by Meghan Daum